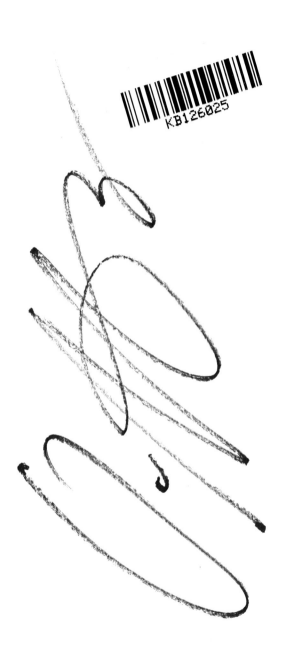

KB126025

도티의
플랜B

도티의
플랜B

나희선 지음

PLAN
B

**다가오는 기회를
놓치지 않는
사람의 비밀**

웅진 지식하우스

PART 2   시작하면 끝장을 본다

PART 3 구독자 250만 명의 크리에이터는 무엇이 다른가

프롤로그

돌아보면 나를 일으켜 세운 것은 언제나 플랜B였다

700점도 넘지 못한 토익 점수에 스펙이라곤 전혀 없는 취업 준비생. 그게 9년 전 내 모습이다. 휴학을 거듭한 탓에 7년째 학교를 다녔지만, 느지막이 군대에 다녀와서 복학을 하니 그토록 오랫동안 드나든 캠퍼스가 왠지 낯설었다. 친구들은 벌써 다 직장인이 됐는데 나만 뒤처져서 길을 잃은 기분이었다. 취업을 하려면 어떻게 해야 하는지 개념조차 없던 나는 무얼 어디서부터 준비해야 할지 막막하기만 했다. 앞으로 어떻게 될까……. 불안했다.

친구들이 취업 준비의 정석을 따를 때 나는 전혀 관심이 없었다. 관심이 있었다 한들 그땐 잘해낼 자신도 없었다. 다만 토익 점수도 없고, 제대로 된 스펙도 없는 내가 경쟁력을 가지려면 무엇을 해야 할지 고민은 멈추지 않았다. 그리고 우연히 수업시간에 들었던 유튜브를 떠올렸다. '구독자 1000명쯤 되는 채널을 가지고 있다고 자기소개서에 쓰면 다른 애들과는 차별화되지 않을까?'

그렇게 막연한 기대를 품고 유튜브를 시작했다. 그런데 내 적성에 아주 잘 맞는 매체라는 것을, 시작하고 나서야 알았다. 운이 좋은 편이었다. 내 재능을 잘 발현할 수 있는 세상을 드디어, 너무 우연하게 발견한 것이다. 더욱이 내가 채널을 운영할 무렵부터 유튜브 또한 급속도로 대중을 사로잡으며 성장하고 있었다.

나처럼 기댈 언덕 없이 세상에서 설 자리를 찾는 사람들에게 1인 미디어는 좋은 선택이 될 수 있다. 어떻게 보면 큰 자본 없이 창직 또는 창업을 할 수 있으니 말이다. 돈이 없어도 콘텐츠가 자산이 되고 자신의 정체성이 곧 미디어가 된다.

그래서인지 요즘에는 많은 사람들이 크리에이터를 꿈

꾼다. 유튜브 세계에서 성공할 수 있는 방법을 알려주겠다는 책도 많이 나왔다. 그런데 대부분은 트렌드가 어떤지, 이른바 '대박'을 치려면 제목을 어떻게 쓰고 섬네일을 어떻게 만들어야 하는지에만 집중한다. 기술이나 요령만으로는 진짜 성공을 이룰 수 없다는 사실을 알기에 안타까운 마음이다.

유튜브에서 성공하는 기술적인 팁을 기대한 사람들에게는 미안하지만, 이 책에서는 그런 비법을 찾을 수 없을지 모른다. 내가 경험한 바에 따르면 왕도는 없기 때문이다. 유튜브 플랫폼이 고도화되면서, 유튜브의 알고리즘을 파악하거나 태그와 키워드를 활용해 노출 빈도를 늘리는 등의 요행수는 거의 불가능해졌다.

방법은 딱 하나, 끊임없이 좋은 콘텐츠를 만들어 공유하는 것밖에 없다. 오직 좋은 콘텐츠만이 성공할 수 있다. 콘텐츠가 좋으면 사람들이 오랫동안 이탈하지 않고 볼 것이며 시청 지속 시간을 충분히 확보할 수 있다. 그러면 내 영상이 노출될 가능성은 높아진다. 학벌이나 집안 배경, 연줄과 상관없이 좋은 콘텐츠만 있으면 누구나 성공할 수 있는 것이다.

나는 1세대 크리에이터다. 내가 유튜브라는 미지의 세계
에 발을 들여놓았을 때는 참고할 만한 롤모델이나 지식이
거의 없었다. 바닥부터 직접 겪으며 수없이 고민하고 좌
절했다. 그런 끝에 드디어 꿈같은 성공을 이루었기에 조
금 더 본질에 가까운 유튜브 공략법을 공유할 수 있지 않
을까 생각했다.

　그런데 도티TV가 승승장구하던 2018년, 나는 뜻밖의
상황에 맞닥뜨렸다. 쉬지 않고 달려온 4년여의 시간. 하
루도 빠뜨리지 않고 영상을 만들었는데, 그게 강박이 되
었는지 어느 날 갑자기 찾아온 번아웃과 공황장애로 모든
일상이 멈췄다. 유튜브를 시작한 스물여덟 살부터 30대
중반이 될 때까지 도티는 꾸준히 성장했지만 인간 나희선
은 멈춰 있다는 느낌이 들었다. 도티가 없어진다면 인간
나희선은 아무 의미 없는 사람이 되는 건 아닐까 하는 정
체성의 고민이 나를 괴롭혔다.

　이 일은 크리에이터로서뿐만 아니라 한 인간으로서의

인생에 변곡점이 되었다. 정말 중요한 것이 무엇인지, 그동안 내가 놓친 것은 무엇인지 깨닫고 인생의 방향을 조정하는 계기가 되었다.

돌이켜보면 나를 구한 것은 언제나 플랜B였다. 대기업이나 메이저 언론사에 취업하는 플랜A가 순탄치 않았을 때 플랜B였던 유튜브를 통해 몰랐던 재능과 꿈을 발견했다. 유튜브가 없으면 나는 아무것도 아니라는 불안과 좌절감에 빠졌을 때 샌드박스는 플랜B가 되어 인간 나희선이 새로 숨 쉴 수 있게 해주었다. 플랜B는 플랜A가 안 되니까 어쩔 수 없이 취하는 차선책이 아니라 플랜A와 상호작용하는, 새로운 가능성이며 다양성이다.

　나에게 앞으로도 새로운 플랜B가 나타날 것이다. 더 나아가 플랜C, 플랜D가 끊임없이 발견될 것이라고 믿는다. 다른 누군가가 정해놓은 플랜A에 얽매이기보다 나만의 플랜B가 더 큰 힘을 발휘할 수 있다는 것을 실감했다. 이런 내 경험이 누군가에게 플랜B를 발견할 수 있는 영감이 되면 좋겠다.

유튜브라는 세계를 만나 정상에 도달했다가 '멈춤' 버튼을 누른 뒤 다시 돌아오기까지, 그동안 배우고 느끼고 경험한 것을 이 책을 통해 나누고자 한다. 크리에이터 도티로서, 스타트업 창업자로서 그리고 내 존재 가치를 찾기 위해 고군분투하던 청년 나희선으로서의 이야기를 모두 담았다. 존재감을 키우고 운명을 바꾸고 싶은 사람들에게 내 이야기가 작은 영감과 희망을 준다면 더할 나위 없이 기쁘겠다.

PART 1.

노력도 재능이라
말한다면

1.
코펜하겐 공항에서
난생처음 성공을 꿈꾸다

설레는 마음에 새벽부터 눈이 떠졌다. 첫 유럽 여행을 떠나는 날이었다. 대학 친구 셋과 2학년 여름방학에 한 달간 유럽을 여행하기로 약속했었다. 한 학기 내내 과외를 해서 공동 여행 경비를 마련하고, 개인 경비로 딱 50만 원을 더 모았다.

내가 준비한 경비는 사실 한 달 동안 여행하기엔 빠듯한 액수였다. 나를 제외한 세 친구는 집안 형편이 좋았다. 한 친구는 아버지가 교수, 또 한 친구 아버지는 병원 원장, 나머지 한 친구 아버지는 언론사 임원. 그에 견주면 나는 한 평 남짓한 반지하 하숙방에 살면서 과외 아르바이트로 생활비를 마련하고 하숙비까지 보태는 형편이었다. 여행 내내 친구들은 맛있는 것을 먹고 쇼핑하며 마음껏 즐겼지만 나는 솔직히 부담스러울 때가 많았다. 다행히 친한 친구들이어서 나를 잘 챙겨주었고 나도 편한 마음으로 신세를 지기도 하며 즐겁게 여행을 마쳤다.

아쉬움을 뒤로하고 환승지인 덴마크 코펜하겐 공항에 잠시 들렀을 때였다.

"야, 시간 남는데 우리 쇼핑이나 할까?"

공항 면세구역에서 친구들은 어느 명품 매장으로 들어갔다. 나는 명품에 관해선 아는 것도 없을뿐더러 명품을 살 만한 돈도 없었다. 구경할 엄두조차 나지 않을 만큼 고가인 명품 매장에서 친구들은 쇼핑을 했다. 친구들도 대단한 물건을 사는 건 아니었지만 그래도 지갑이라든가 벨트 따위를 고르느라 바빴다. 물건을 살피고 몸에 대어보고 서로 물어보고……

나는 기둥에 기대서서 쇼핑하는 친구들을 지켜보고만 있었다.

돈이 있음으로써 가치 있어지는 시간

그때 내 인생에서 처음으로 복잡미묘한 감정을 느꼈다. 친구들이 부럽다는 단순한 감정은 아니었다. 돈이 없어서 창피하다는 감정도 아니고 내게 주어진 환경을 비관한 것도 아니었다. 친구들을 바라보며 나는 돈보다 시간에 관해 생각했다. 자투리 시간에 쇼핑을 하는 친구들의 시간은 아주 알차 보인 반면, 마냥 기다리고만 있는 내 시간은 아무 가치가 없는 것처럼 느껴졌다. '아, 돈이 있음으로써 어떤 이의 시간은 가치 있어지는구나.'

그 순간에 나는 천천히 사라지는 듯한 느낌을 받았다. 내 시간은 무의미해진 데 반해 친구들의 시간은 즐거울 수 있다는 사실……. 똑같이 주어진 시간이 돈으로 인해 달라질 수 있다는 것을 깨달았다.

"부자는 시간을 사고 가난한 자는 시간을 판다"라는 말이 있다. 돈이 많은 사람은 돈을 사용해서 다른 사람에게 자기 몫의 일을 시킬 수 있으므로 자신을 위한 시간을 확보할 수 있다. 반면 돈이 없는 사람은 비록 하기 싫은 일이라 해도 돈을 벌기 위해서 어쩔 수 없이 그 일을 하는 데 많은 시간을 써야 한다.

고등학교 때까지는 형편이 다 고만고만한 친구들과 한정된 환경에서 지냈기 때문에 빈부의 차이를 느끼지 못했다. 풍족하지는 않았지만 상대적 박탈감을 느낄 일은 없었다.

그런데 대학에 들어가자 전혀 몰랐던 세상이 보였다. 친구 집에 놀러 갔다가 드라마에서나 보던 정원 딸린 집에 기사 아저씨와 가사 도우미가 있는 걸 보고 무척 놀란 적도 있다. 패밀리 레스토랑 '아웃백'도 대학에 들어간 뒤에 처음 가봤고, 카페에서 커피를 주문하는 것마저 긴장됐다. 모든 게 낯설고 새로운 세상이었다.

그때까지도 돈을 벌어야겠다는 생각이나 성공해야겠다는 욕망은 크지 않았다. 돈은 나중에 취직하면 벌겠거니 생각했을 뿐이다. 그런데 그날 면세점에서 돈이 시간과 결부되자, 나와 부유한 사람들의 격차가 충격적으로 다가왔다.

한참을 매장 밖에만 있다가 안으로 들어갔다. 매장 명함을 슬그머니 들고 나와서 뒷면에 이렇게 썼다.

"생각이 바뀌면 행동이 바뀌고, 행동이 바뀌면 습관이 바뀌고, 습관이 바뀌면 운명이 바뀐다."

어디선가 보고 마음에 새기고 있던 문장이었다. '이제부터 생각을 바꾸자. 생각을 바꿔서 돈을 벌자. 그리고 취직해서 첫 월급을 타면 이 매장에서 지갑을 사자.' 그런 다짐을 하며 내 싸구려 지갑에 명함을 넣었다.

부자가 되려면 부동산에 뛰어들어야 하는구나

여행을 마치고 귀국하자마자 '돈 버는 법'에 관한 책들을 사서 읽었다. 그래봤자 내가 얻은 지식 수준은 얄팍했지만, 읽은 책 중에 부동산 관련 책이 꽤 있다 보니 이런 결론이 나왔다.

'대한민국에서 부자가 되려면 부동산에 뛰어들어야 하는구나!'

그래서 부동산 분야를 집중적으로 알아보기로 했다. 부동산 공법, 민법 등을 알아야 했고 그러려면 공인중개사 자격증을 따는 편이 좋을 듯했다. 그리고 법을 아는 게 유리하리라 생각했다.

새 학기가 시작됐지만 전공 수업은 안중에 없었다. 나는 돈을 벌어야 하고 부동산을 해야 하니까, 부동산을 하려면 법을 알아야 하니까 법학과 수업을 듣기로 했다. 다른 전공 수업을 들어도 교양학점으로 인정되므로 이왕이면 법학 과목을 수강하기로 한 것이다.

법학 공부는 나와 잘 맞았다. 수업을 열심히 듣고 열심히 외우면 됐다. 다행히 성적이 나쁘지 않게 나와서 전과 신청을 했다.

법대생이 되자 자연스럽게 사법고시에 관심이 생겼다. 주변 친구들이 모두 사법고시를 준비하니 나도 해볼까 하는 생각이 든 것이다. 사법고시를 보려면 법학 과목 35학점을 이수해야 한다. 다른 친구들은 1~2학년 때 따놓은 학점을 뒤늦게 부랴부랴 채우고 사시 공부를 시작했다.

돈이 시간과 결부되자
부유한 사람들과의 격차가 단번에 느껴졌다.
한참을 매장 밖에만 있다가 안으로 들어갔다.
매장 명함을 슬그머니 들고 나와서 뒷면에 이렇게 썼다.

생각이 바뀌면 행동이 바뀌고,
행동이 바뀌면 습관이 바뀌고,
습관이 바뀌면 운명이 바뀐다.

'이제부터 생각을 바꿔야겠다. 생각을 바꿔서 돈을 벌자.
그리고 취직해서 첫 월급을 타면 이 매장에서 지갑을 사자.'
그런 다짐을 하며 내 싸구려 지갑에 명함을 넣었다.

그렇게 공부를 시작한 지 6개월쯤 됐을까? 로스쿨 법안이 통과됐다. 이제 사법고시 합격자는 해마다 100명씩 줄이고 결국에는 시험이 폐지된다고 했다. 조바심이 났다. 그러잖아도 늦게 시작했는데 진입문이 점점 좁아진다니 불안했다. 과연 내가 할 수 있을까? 사실 의지가 정말 확고했다면 그런 상황에 개의치 않고 계속 공부했겠지. 하지만 나의 의지는 그렇게 강하지 못했다. 점점 온갖 부정적인 생각이 스멀스멀 올라오면서 공부가 손에 잡히지를 않았다.

그때부터 허송세월을 보냈다. 한 학기 다니고 나면 한 학기는 휴학을 했다. 휴학하고 학원 강사로 일하기도 했고, 게임 대회에 나가게 되어 휴학을 하기도 했다. 부자가 되겠다던 결심은 어느덧 흐지부지되고 있었다.

제대하면 뭘 하지

그렇게 스물다섯 살이 되었다. 목적 없이 사는 생활도 한계에 다다랐다. 친구들은 벌써 전역해서 스펙을 쌓아 취업을 준비했고, 주변에서 걱정하는 목소리가 슬슬 들려왔다. 군대는 언제 가느냐는 질문을 듣는 것도 지겨웠다. 더는 이렇게 살 수 없다는 생각에 군에 입대했다.

행정병으로 복무하던 어느 날이었다. 하루 일과를 끝내고 생활관에서 텔레비전을 보는데 CJ ENM의 브랜드 광고가 나왔다. CJ ENM의 여러 프로그램이 이어진 뒤 마지막에 이런 문구가 나왔다.

"문화를 만듭니다, CJ."

순간 이유는 알 수 없지만 그 슬로건이 아주 멋지게 느껴졌다. 사실 군 생활을 하는 내내 '제대하면 뭘 하지?'라는 고민이 가슴 한구석을 무겁게 짓누르고 있었다. 사법고시도 포기했고……. 그런데 문화를 만든다는 말이 가슴을 크게 울린 것이다.

나는 바로 결심했다. 방송국 PD가 되자고. 사실 방송 제작이라고 하면 PD 직군 외에는 잘 알지 못했다. 그래서 다른 생각도 하지 않고 더 알아보지도 않은 채 단순하게 결심을 했다.

전역하자마자 결심을 실행에 옮겼다. 법학 대신 신문방송학과 강의를 들었다. 복수전공이나 부전공을 할 만한 시간은 남지 않아서 그냥 4학년 수업을 들었다. CJ ENM 입사 시험은 일반 기업과 비슷하다는 말을 듣고 그렇다면 나도 할 수 있지 않을까 생각했다.

제작 PD는 강한 체력이 요구된다고 해서 몸이 약한 편인 나는 편성 PD를 지원했다. 마침 '미디어 편성과 수용자'라는 강의를 들으면서 편성의 힘이 얼마나 대단한지 깨달았기 때문이기도 했다. 다채널 미디어에서 콘텐츠 큐레이션을 통해 콘텐츠를 최선의 방식으로 노출시키는 일이 흥미로워 보였다. 얕은 지식과 빈약한 정보에 기대어 막연히 그런 계획을 세웠다.

2.
자기소개서 한 줄을 위해
시작한 유튜브

PD가 되겠다고 결심은 했지만 확신이나 자신감이 있었던 것은 아니다. 그래서 플랜B로 일반 기업 취업을 준비하기로 했다.

샌드박스네트워크 공동 창업자이자 현 대표인 이필성 대표는 대학 수시에 합격하고 나서 만난 친구다. 7월에 합격자 발표가 난 뒤로 수시 합격생들끼리 모이곤 했는데, 그때 같은 학교 경영학과에 합격한 필성이를 알게 되어 친해졌다. 그 뒤로 필성이는 대학 생활 내내 가장 친한 친구였다.

필성이는 우리 또래집단에서 제일 잘나가는 친구였다.

대학을 졸업하자마자 구글에 입사했으니 그야말로 선망의 대상이었다. 직장인이 된 필성이는 외제차를 타고 다녔는데, 어찌나 멋있어 보이던지. 친구가 나보다 빨리 어른이 되어가는 과정을 지켜보는 기분이었다.

입대도 늦었고, 전역하고 나서도 우왕좌왕하는 나를 필성이는 많이 걱정해줬다. 원서를 수십 개라도 써서 어디든 취직하라고 진심 어린 조언을 건넸다. 취업에 도움이 될 거라며 자신이 학회장으로 있던 경영학회에 소개해주기까지 했다.

대학 학회지만 그곳은 들어가기가 몹시 까다롭기로 유명했다. 나는 주로 창의성을 테스트하는 2차 면접에서 떨어지고 말았다. 기껏 소개해준 친구에게 면목이 없었다. 지금은 필성이가 학회 후배들을 만날 때마다 '크리에이터 도티'를 너희가 떨어뜨렸다고 놀린다고 한다. 그러나 그때 나는 정말 아무 준비도 없었기 때문에 떨어졌다고 해서 놀랄 일은 아니었다. 토익 점수가 700점도 안 됐으니 말해 뭐 하겠는가.

물론 학회에 떨어지니 자괴감이 들고 더욱더 이른바 좋은 기업엔 입사하지 못하겠구나 싶었다. 대체 취업은 어떻게 하는 걸까. 도무지 알 수가 없었다. 심지어 연세대가 나를 잘못 뽑은 게 아닐까 하는 생각까지 들었다.

'어느 집단이든 3퍼센트 정도는 잘못 뽑는다던데, 혹시 내가 거기에 속하는 건가?'

나 자신을 신뢰하지 못하고 자책했다. 그렇지만 나쁘기만 한 일은 없다. 학회에 붙었다면 학회 친구들의 영향을 받아서 일반 기업 취업에 성공했을지 모른다. 그런데 떨어졌기 때문에 사면초가에 몰린 절박한 심정으로 PD가 되기 위한 준비를 열심히 하자고 마음먹었다. 그렇게 플랜B의 플랜B가 이어져 날 유튜브로 이끌었다.

구독자 1000명은 모을 수 있지 않을까

신문방송학과 강의를 열심히 들을 무렵, 싸이의 〈강남스타일〉 뮤직비디오가 유튜브를 통해 화제가 되면서 세계적인 인기를 얻었다. 신문방송학과 교수님이 강의에서 〈강남스타일〉을 예로 들며 유튜브, 다음 티비팟 등 디지털 미디어를 강의하셨다. 무엇보다 유튜브에서는 개인 채널을 운영할 수 있고, 구독자가 생길 수 있다는 이야기가 나에겐 강한 인상을 주었다.

그때만 해도 〈강남스타일〉이 유튜브를 통해 알려졌다는 정도만 알았지 유튜브에서 개인 채널을 운영할 수 있다는 사실은 몰랐다. 알고 보니 교수님의 아들이 미국에서 MCN(멀티채널네트워크) 사업을 하고 있었다. 북미가 우리나라보다 유튜브 시장이 일찍 개척됐기 때문에 교수님은 아들을 통해 이미 트렌드를 알고 있었던 것이다.

교수님의 강의를 들으니 신세계를 만난 것 같이 호기심이 생기긴 했지만 유튜브를 본격적으로 해보겠다는 생각은 없었다. 다만 잘 이용하면 좋은 스펙이 되겠다는 예감은 들었다. 뒤늦게 방송 쪽으로 진로를 정해서 스펙도 없는 상황이니, 유튜브 채널을 만들어서 구독자를 1000명쯤 모으면 특별한 자기소개서의 한 줄이 되겠다 싶었다.

그런데 유튜브에 개인 채널을 만들려고 하니 콘텐츠가 고민이었다. 내가 직접 등장하는 건 자신이 없었고, 카메라를 살 돈도 없었다. 고민 끝에 게임 콘텐츠가 떠올랐다. 게임 콘텐츠는 컴퓨터와 만 원짜리 마이크만 있으면 가능했다. 게임은 제작비가 가장 적게 들면서 많은 콘텐츠를 양산할 수 있는 소재라는 생각이 들었다. 그래 이거다! 더욱이 게임은 내가 가장 잘할 수 있는 것이기도 했다.

그다음 고민은 게임 중에서 어떤 게임을 선택할까였다. 내가 하던 워크래프트나 디아블로 같은 게임은 재미는 있지만 보는 게임으로는 적합하지 않은 듯했다. 직접 하는 것이 재미있는 게임과 보는 것이 재미있는 게임은 다르기 때문이다. 적당한 게임을 찾으려고 인터넷을 뒤진 끝에 전 세계적인 인기를 누리는 마인크래프트라는 게임이 우리나라에서도 인기가 많다는 사실을 알았다. 직접 플레이해보고 관련 영상을 두루 찾아보면서 이것을 콘텐츠로 삼으면 괜찮겠다고 확신했다.

마인크래프트는 쉽게 말하자면 디지털 레고라고 할 수 있다. 3차원 세상에서 다양한 블록을 쌓아 스튜디오를 만들고 그 안에서 게임을 하는 것이다. 그 게임은 추격전이 될 수도 있고 퀴즈쇼가 될 수도 있다. 게임 속에서 캐릭터들이 스토리를 만들어가니 '디지털 무한도전' 또는 '디지털 1박 2일' 같은 느낌이었다. 롤이 정해져 있지 않고 자유도가 높기 때문에 플레이어 스스로 콘텐츠를 창조하고 진두지휘할 수 있어서 PD가 되고 싶은 학생에게는 신세계나 다름없었다. 나는 당장 콘텐츠 만들기에 들어갔다.

닉네임은 평소 게임할 때 쓰는 '도티'라는 이름을 그대로 쓰기로 했다. 채널 이름 또한 '도티TV'로 정했다. 도티라는 이름은 함께 게임을 하며 지냈던 형이 지어준 닉네임이다. 어감이 좋아서 붙여진 그 이름은 이제는 본명보다 훨씬 유명해진, 나를 대표하는 닉네임이 되었다.

크리에이터에게 닉네임은 매우 중요하다. 내가 어떤 키워드를 선점하느냐의 문제와도 직결되기 때문이다. 예를 들어 닉네임이 '딸기'일 경우, 인터넷에서 검색할 때 현실의 과일인 딸기와 경쟁을 해야 한다. 유튜브의 자동검색 키워드 완성 알고리즘은 검색 빈도가 높은 철자를 초성별로 보여주는데, 내 채널이 한창 인기를 얻을 때는 'ㄷ'에서 '도티'가 항상 압도적인 1위를 차지했다. 만약 초성이 'ㅃ'으로 시작했다면 뽀로로와 경쟁해야 했을 테고, 'ㅂ'이면 방탄소년단과 경쟁해야 했을 텐데, 다행히 'ㄷ'에는 그 정도로 강력한 경쟁 상대가 없었다.

만 원짜리 헤드셋으로 시작한 첫 방송

방문을 닫고 경건한 마음으로 책상 앞에 앉았다. 컴퓨터를 켜고 만 원짜리 헤드셋을 썼다. 처음으로 라이브 방송을 하는 날이었다. 그때만 해도 게임 채널은 아프리카TV에서 라이브로 스트리밍을 하고 그 영상을 유튜브에 업로드하는 방식이 일반적이었다. 유튜브는 '다시 보기'를 할 수 있게끔 영상을 저장해놓는 용도로 활용한 것이다. 나 또한 그런 흐름에 맞춰 아프리카TV에서 생방송 스트리밍을 한 다음 그 영상을 편집해서 유튜브에 업로드했다.

"안녕하세요. 아, 저는 도티입니다. 아……."

인공지능처럼 높낮이 없는 톤과 어색하기 그지없는 말투로 첫 방송을 했다. 사람은 몇 명 들어오지 않았지만 들어왔다는 자체가 신기했다. 말로 표현하기 힘들 만큼 떨렸다. 그리고 막상 시작한 뒤로는 어떻게 방송을 했는지도 모르는 상태로 끝났다. 시작하기 전보다 오히려 끝난 후에 심장이 더 빨리 뛰는 것 같았다. 시작 전에는 긴장의 떨림이라면 끝난 후에는 흥분의 떨림이었다.

첫 방송을 한 뒤로 아프리카TV 방송을 정말 열심히 했다. 1년 동안 거의 매일 생방송을 했다. 군대를 전역한 뒤에는 집안 형편이 더 어려워져서 자취방을 정리하고 어머니 집으로 들어갔다. 그래서 간혹 라이브 방송 도중 엄마가 방문을 두드리기도 했다.

"왜 그렇게 떠드니? 도대체 누구랑 얘기하는 거야?"

내가 떠드는 걸 들어주고 나와 이야기하는 사람이 몇백 명에서 1000명으로 늘어났다. 방송을 시작한 지 1년쯤 지났을 때였다. 아프리카TV에서 선정하는 '베스트 BJ'에 들기도 했다.

그리고 드디어 아프리카TV가 개최하는 시상식의 신인상 후보에 올랐다. 상을 받으면 다들 "받을 줄 몰랐다"고 소감을 말하던데, 나는 '이만하면 상을 받을 만하다'고 생각했다. 하지만 결국 수상하지 못했다. 인정받지 못했다는 사실은 '아프리카TV에서 나는 여기까지인가 보다'라고 생각하게 했다. 나는 내 길이 아니다 싶으면 포기도 빠르다. 미련 없이 포기하는 것도 능력이라고 말할 수 있지 않을까.

채널의 폭발적 성장을 가져온 한계

그즈음 아프리카TV의 기존 방송들과 차별화할 수 있는 방법을 고민하고 있었다. 그러다 유튜브가 VOD 플랫폼이라는 점에 생각이 미쳤다.

'VOD형 플랫폼에는 VOD형 콘텐츠가 있지 않을까?'

VOD란 시청자가 원하는 시간에 원하는 콘텐츠를 볼 수 있는 맞춤 영상 서비스다. 스트리밍 서비스는 스트리밍하는 시간에 맞춰 긴 시간 동안 봐야 하고 히스토리를 알아야 흐름을 따라갈 수 있다. 이와 달리 유튜브 같은 VOD 플랫폼에서는 원하는 시간에 원하는 영상을 골라 볼 수 있다.

그런데 그동안은 스트리밍한 영상을 단순히 몇 개로 잘라 유튜브에 올렸으니, 실시간이 아니라는 점 말고는 차이가 없었다. 그렇다면 이번에는 유튜브 맞춤 콘텐츠를 만들어보자고 생각했다. 기승전결이 한 편에 담긴 단편 영상을 만들어 유튜브에 올리고 싶었다.

그러나 누군가의 영상을 보는 일에는 진입장벽이 있다. 누군지도 모르고 어떤 매력이 있는지도 모르는 사람의 영상을 선뜻 보기란 쉽지 않다. 그래서 유튜브에 올린 영상을 보는 사람들은 대부분 아프리카TV에서 그 사람의 라이브를 보던 사람들인 경우가 많았다.

그렇지만 영상 자체가 재미있으면 누가 올렸는지 몰라도 보게 되지 않을까? 잘 기획한 단편 영상은 내 라이브 방송을 보지 않은 사람도 재미있게 볼 것 같았다.

그 생각을 필성이에게 말했더니 필성이는 걱정을 했다. 라이브 영상을 잘라서 올리는 방식의 경우에는 일단 찍어놓은 영상의 분량이 많으니까 하루에 두세 편도 올릴 수 있지만, 단편으로 스토리가 담긴 영상을 만들려면 기획하는 데 공력이 많이 들고 업로드 양이 줄어들 게 뻔하기 때문이다. 과연 단편 영상 제작이 좋은 선택일까? 남들이 안 하는 데에는 다 이유가 있지 않을까?

필성이가 어떤 점을 걱정하는지 듣고 나도 고민이 되었다. 그렇지만 어떻게 될지는 해봐야 알지 않을까? 시작도 해보지 않고 포기하기는 싫었다. 그래서 어떻게든 한번 해보자는 마음가짐으로 달려들었다. 그때부터 기획과 연출이 가미된 게임 영상을 제작하기 시작했다. 단순한 플레이스루 콘텐츠가 아닌 기승전결이 있는 스토리 위주의 게임 콘텐츠를 만들기 위해 노력했다.

반응은 빠르고 뜨겁게 왔다. 기존의 게임 콘텐츠와 확연히 달라서 신선하다는 평이 많았다. 이제 더 이상 아프리카TV에서 생방송을 할 이유가 없다고 판단해 유튜브에 '올인'하기로 했다. 게임 속에서 상황극을 만들거나 미

니 게임을 하는 식의 단편 영상을 유튜브에 올리기 시작
했다.

그때부터 내 채널이 폭발적으로 성장했다. 채널 내 시
청 시간이 꾸준히 증가하기 시작했고 나아가 영상뿐만 아
니라 도티라는 탤런트를 좋아하는 사람도 많이 생겨났다.
나만의 특장점을 찾아내 시도한 일이 통한 것이다.

3.
어느 날 구글에서
돈이 들어왔다

취직을 못해서 걱정되던 친구가 이번에는 유튜브를 시작한다고 하니, 구글에 다니던 필성이가 나를 도와주려고 많이 애썼다. 필성이는 애드센스 광고영업팀에서 일했지만, 유튜브팀에 근무하는 입사 동기에게 그 팀에서 유튜브 관련 세션을 하면 나를 불러달라고 부탁하기도 했다. 덕분에 나는 구독자가 겨우 300명 남짓일 때도 구글 한국 지사에서 개최하는 행사에 참여하곤 했다.

그러던 어느 날, 필성이한테서 전화가 왔다. 내 생일인 12월 10일이었다.

"내가 생일 선물 하나 줄까?"

"어? 뭔데?"

"유튜브팀 수석부장님이 유튜브 가이드 책을 쓰려고 하는데, 도와줄 크리에이터를 찾고 있다고 해서 내가 널 추천했어."

그 책에 들어갈 실제 표본이 필요하고 수석부장님이 생각하는 채널 성장 전략을 테스트해볼 곳이 필요해서 내가 낙점된 것이다. 그때는 유튜브 가이드가 전혀 없어서 유튜브는 미지의 세계나 마찬가지였다.

나름 VOD형의 특성을 살려 웬만큼 성과를 냈지만 나는 아직 유튜브라는 플랫폼에 관해 모르는 게 너무 많았다. 이 플랫폼을 더 자세히 배우고 잘 활용할 수 있는 좋은 기회가 되겠다 싶어 흔쾌히 선물을 받았다.

그때부터 구글로 출근했다. 수석부장님과 머리를 맞대고 "이렇게 하면 어떨까?", "아니면 한번 이렇게 해볼까?" 하면서 여러 가지 가능성을 시험했다. 이를테면 아이폰이나 안드로이드폰 또는 컴퓨터는 한 줄에 보이는 글자 수가 각각 다른데, 그런 점을 다 계산해서 제목의 키워드가 최선의 방식으로 보이게끔 써보는 거다.

또한 사용자들의 이목을 끌 섬네일(미리보기 이미지)을 연구하거나 섬네일에 채널의 브랜드 마크를 넣어서 채널의 정체성을 구축하기도 했다. 그래서 내 예전 영상을 보면 섬네일 왼쪽 편에 내 채널을 상징하는 '도티TV'라는 마크가 들어가 있다. 그때만 해도 플랫폼을 제대로 이해하고 채널을 운영하는 사람이 별로 없었다. 섬네일을 따로 만들지 않는 사람이 많았고, 제목도 호기심을 끌 만한 키워드를 사용하기보다는 '게임 이름 1, 2, 3……' 이런 식으로 단순하게 정했다.

수석부장님을 도와드리면서 시청시간을 늘리기 위한 여러 방법을 시도해봤다. 또 유튜브 분석 툴을 활용하는 법 등을 새롭게 배우면서 마치 내가 유튜브 전문가라도 된 것처럼 느껴졌다. 실제로 다양한 시도와 많은 배움에 힘입어 부쩍 성장한 시간이었다.

유튜브 시작 3달 만에 첫 수익을 내다

유튜브에 올인한 지 2~3개월이 지났을 때 조회수가 천 단위로 올랐다. 그 결과 수익 창출 기준에 다다르면서 수익이 나기 시작했다. 당시에는 구글 애드센스에 내 계정이 연결돼서 수익이 100달러가 넘으면 환전 신청을 할 수 있었다.

첫 수익은 30만 원이 채 안 됐지만, 내가 만든 콘텐츠가 인정받고 정당한 가치를 얻었다는 사실이 기뻤다. 신이 나서 은행에 환전 신청을 하러 갔다. 직원은 외화를 출금할 때는 규정상 출처를 물어야 한다고 말했다.

"어떤 일을 하시는데 구글에서 돈이 들어왔나요?"

"저 유튜브 해요."

그때는 유튜브로 수익을 창출한다는 사실을 아는 사람이 거의 없었기 때문에 직원은 어리둥절한 표정을 지었다.

"유튜브를 하면 돈이 들어와요?"

"네. 콘텐츠를 올리면 광고가 붙고, 그러면 수익이 발생해요."

"아, 그래요? 이런 경우는 처음이라서요. 구글에서 돈을 받으시다니, 신기하네요."

나는 구글에서 돈을 입금해주는 사람이 됐다.

'지금은 30만 원이지만 진짜 열심히 해서 채널이 열 배 성장하면 300만 원이 되네? 그럼 거의 월급 수준이잖아?'

어쩌면 웬만한 기업 신입사원 초봉보다 많은 돈을 벌 수 있다는 희망에 신이 났다.

'그래, 내가 그까짓 열 배 못 키우겠어?'

자본금이 드는 일도 아니니 나만 열심히 하면, 내 몸만 좀 혹사하면 되는 거다. 방송국 PD 준비는 그만두기로 했다. 이제부터 내 직업은 유튜버다.

엄마에게도 말씀드렸다. 물론 정확히 이해하지 못하는 기색이었지만 반대하지는 않으셨다. 어릴 때부터 알아서 잘해왔으니 내가 선택한 일이면 괜찮을 거라고 믿어주셨다. 나는 비장한 마음으로 방문에 계란판을 붙였다.

이제 진짜 시작이다.

지난한 과정을 거치고 또 거치며

돌아갈 다리를 불살라버렸다. 후퇴는 없다. 그때부터 방구석에서 고군분투했다. 취미로 하는 것과 직업으로 하는 것은 마음가짐부터 노동량까지 천지 차이가 난다.

아침에 일어나면 제일 먼저 오늘은 어떤 방송을 할지 리서치를 시작했다. 이를 토대로 그날의 기획 방향을 정한다. 초반에는 생방송을 많이 했는데, 생방송을 하기 전에는 혹시 모를 오류가 생기지 않게끔 다시 한번 처음부터 끝까지 플레이하면서 리허설을 했다.

오후에는 전날 밤에 만들어놓은 영상을 업로드해야 했다. 나는 구독자의 대부분을 차지하는 초등학생이 하교하는 오후 3~4시에 맞춰 영상을 올렸다.

2013~2014년만 해도 영상을 업로드하면 화질을 처리하는 후처리 시간이 매우 길고 오류가 많았다. 영상을 올렸는데 오류가 생겨 다시 올려야 하고, 다시 올리기 위해 이전에 올린 영상을 지우려 하면 안 지워지고……. 후처리가 끝나도 섬네일이 적용 안 될 때가 있었다. 그러면 지웠

다가 다시 올렸다를 끝없이 반복할 수밖에 없었다. 겨우 업로드 하나에도 너무 많은 에너지가 필요했다.

그러나 여기서 끝이 아니다. 이제 영상 제목을 뽑아야 한다. 제목은 곧 카피다. 사람들이 직관적으로 호기심을 느낄 수 있게 구성해야 한다. 20분짜리 영상을 가장 잘 표현하는 키워드를 넣어야 하기 때문에 고민을 거듭한다. 영상 제목을 쓰고 설명을 쓰고 링크도 걸어야 한다. 물론 태그도 잊으면 안 된다. 메타데이터까지 다 기입해야 드디어 영상 업로드!

만일 영상을 시리즈로 구성했다면 영상 재생목록을 만들어줘야 한다. 재생목록의 제목을 정하고 영상을 넣어서 순서대로 정렬한 다음 메인페이지 피드에 섹션으로 넣는다. 그러고는 피드를 하나 더 만들어서 가로로 할지 세로로 할지, 피드 섹션에 영상을 어떻게 보이게 할지 결정해서 정렬하고…… 그렇다. 여러분이 유튜브 화면으로 보는 모든 것이 수동으로 이루어진다.

물론 아직도 끝나지 않았다. 영상이 제대로 업로드됐는

지 반드시 확인해야 한다. 그리고 사람들의 초기 반응에 대응하는 일이 아주 중요하기 때문에 댓글에 답을 달고 피드백을 해야 한다.

여기까지 끝내면 보통 오후 3~4시가 되는데 이때부터 생방송을 준비한다. 생방송은 대개 저녁 7시 30분쯤 시작해서 밤 11~12시쯤 끝난다. 생방송은 러닝타임을 채우는 게 중요하다. 시작할 땐 세 시간 정도는 해야 한다고 생각했는데, 언제나 시간을 넘기곤 했다.

생방송이 끝나면 녹화한 영상을 올리기 위해 편집을 시작한다. 어떤 이는 편집은 끝이 있는 게 아니라 멈추는 거라고 했다. 그만큼 편집은 욕심을 내면 낼수록 끝이 나지 않는 작업이다. 편집은 크게 컷 편집과 세부 편집으로 나뉜다. 20분짜리 영상을 만들려면 아무리 짧게 잡아도 작업하는 데 4~5시간은 걸린다. 2~3시간 녹화를 하면 우선 영상을 처음부터 끝까지 보면서 컷 편집을 해야 한다. 2~3시간짜리 영상을 멈추지 않고 보는 데만도 3시간이 소요되고, 중간중간 멈춰서 편집하다 보면 6~7시간은 기본이다. 그러다 문득 시계를 보면 어느새 새벽 3~4시가 되어 있다. 이제 겨우 컷 편집만 끝냈을 뿐인데……

컷 편집을 마치고 그것을 기반으로 세부 편집을 시작한다. 컷 편집한 영상에 자막을 넣는 데만 또 한 시간 정도가 소요된다. 그런 다음 20분 분량으로 편수를 나누고 각 편에 맞게 섬네일을 만든다. 나는 포토샵으로 직접 만들었다.

드디어 영상을 완성했다. 이제 데이터를 영상으로 변환하는 렌더링 작업을 마지막으로 해야 한다. 물론 이 작업은 편집 프로그램이 하기 때문에 렌더링을 걸어놓고 잠을 자도 된다. 나는 보통 한 번에 영상을 3편 만들었는데, 3편의 렌더링이 끝나려면 3시간 정도가 걸렸다. 렌더링 시간 동안 겨우 눈을 붙이고 아침에 일어나보면 그 사이 오류가 생겨 렌더링이 멈추는 경우가 다반사다. 그러면 다시 렌더링 작업을 시작해야 한다.

일상의 쳇바퀴가 이런 식으로 쉬지 않고 굴러갔다. 나는 거의 혼이 나간 채 하루하루를 보냈다. 온 힘을 다해 매진하고 있는데도 할 일이 너무 많고 돌발 변수가 끊임없이 생겨서 다른 일에 신경 쓸 겨를이 전혀 없었다. 밥도 생존을 위해 어쩔 수 없이 욱여넣었다. 그때는 건강보다 일이 더 중요했다.

그래도 즐거우니까, 그거면 돼

초기에는 경험이 없어서 생방송 자체도 쉽지 않았다. 나혼자 생방송으로 시간을 채워야 한다는 사실이 부담스러웠다. 과연 잘할 수 있을까? 오늘은 시청자들이 많이 들어올까? 방송을 시작하기 직전까지 온갖 걱정이 머릿속을 맴돌았다.

얼핏 보면 유튜브가 참 쉽게 느껴진다. "힘들이지 않고 돈 번다", "방구석에서 영상 찍어 올리는 게 뭐가 어렵냐"고들 말한다. 그러나 그런 말을 하는 사람들에게 1일 체험권이라도 주고 싶다. 스태프가 있어서 분업이 가능한 사람의 경우는 다르겠지만, 말 그대로 1인 미디어로서 기획부터 업로드, 유통, 편성까지 전부 책임지고 하려면 노동

강도가 어마어마하다. 게다가 날마다 마감에 쫓기는 편집장의 심정으로 살아야 한다.

유튜브를 시작하고 1년 반 정도는 네 시간 넘게 자본 적이 없다. 지금 생각하면 어떻게 그랬는지 모르겠다. 다시 하라면 절대 하지 못 할 것이다. 다만 그때의 나는 유튜버를 직업으로 삼기로 하고 배수의 진을 쳤으니, 더는 도망갈 구석이 없는 상황이었다. 이 일로 성공해야 한다고 생각했고, 성공하려면 열심히 하는 수밖에 없었다. '안 되면 어떡하지?' 이런 걱정 따위는 하지 않았다. 무조건 잘돼야 했다. 오직 '잘될 거야' 그렇게만 생각했다.

그런데 만약 이 일이 재미있지 않았다면 아무리 다른 대안이 없어도 그렇게 매진하지는 못했을 거다. 다행히도 일이 아주 재미있었다. 내가 만든 콘텐츠를 사람들이 보고 바로 반응하는 것은 정말 흥분되는 경험이었다. 내 영상을 본 사람들이 재미있다고 반응해주면 하루의 피로가 싹 풀리고 다음 영상을 만들 힘이 생겼다.

무엇보다 내가 하고 싶은 일을 발견했기에 힘든 줄을

초기에는 경험이 없으니 생방송 자체도 쉽지 않았다.

나 혼자 시간을 채워야 한다는 사실이 새삼 부담스러웠다.

과연 잘할 수 있을까?

오늘 시청자들이 많이 들어올까?

방송을 시작하기 직전까지 온갖 걱정이 머릿속을 맴돌았다.

몰랐다. 하루에 서너 시간밖에 못 자도 내가 좋아하고 즐
거워하는 일이라서 꾸준히 노력할 수 있었고, 그래서 성
공에 다가갈 수 있었다.

4.

내가

뭐라고

콘텐츠를 노출하는 최선의 방식을 끊임없이 고민하고 노력하면서 채널이 많이 성장했다. 구글 유튜브팀에서도 내 채널이 유명해졌고 유튜브 관련 행사가 있을 때면 강연 요청이 들어오곤 했다. 담당자들은 "대한민국에서 도티가 유튜브 플랫폼을 가장 잘 활용한다"고 이야기했고, 유튜브팀의 한국 수장님은 한 강연에서 "유튜브 직원들은 도티TV를 보고 배워야 한다"고 말하기도 했다.

지금은 유튜브가 충분히 고도화했지만 내가 시작할 때만 해도 키워드를 정리하는 것조차 제대로 정립되어 있지 않았다. 시간이 지나 한국 유튜브에서 가장 많이 검색한 키워드로 '도티'가 1위를 차지했다. 우리나라에 유튜브가 론칭한 이래 단 한 번도 1위를 놓치지 않은 키워드가 '섹스'였는데, 그 1위를 처음으로 갈아치운 키워드가 '도티'였다. 유튜브 담당자가 엑셀 파일로 트래픽 기록을 보내줘서 직접 두 눈으로 확인할 수 있었다.

유튜브를 시작한 초반에는 조회수가 200~300회 정도 나왔다. 많지 않은 수치였지만 나는 이것도 엄청나다고 생각했다.

'20분짜리 영상을 올렸는데 조회수가 100회 나오면 내가 누군가의 2000분을 책임지는 셈이잖아? 대박인데!'

누가 들으면 코웃음 칠지 모르지만 나는 워낙 의미 부여를 잘하는 성격이다. 자기만의 의미를 찾은 사람은 흔들리지 않는다고 한다. 내가 누군가의 시간을 책임진다는 생각이 들자 큰 책임감을 느끼고 더 열심히 해야겠다고 다짐했다.

마인크래프트가 아니라 도티를 보러 오는 사람들

구독자가 1만 명이 되었을 즈음, 마인크래프트가 아니라 도티를 보러 나의 채널에 방문하는 사람도 꽤 있다는 것을 느꼈다. 어느새 도티의 팬이 생겼고, 사랑받고 있었다. 내 콘텐츠가 사랑받는 것과 내가 사랑받는 것은 다르다. 누군가의 팬이 되어 덕질도 해본 나는 그 간절한 마음을 알고 있다. 그런데 이제는 나를 향해 간절하게 애정을 보내는 팬이 생기다니. 마치 달콤한 꿈을 꾸고 있는 것만 같았다. 한 사람, 한 사람에게 말로 표현할 수 없을 만큼 고마운 마음이 들었다.

점점 구독자가 늘자 이곳저곳에서 제안들이 쏟아졌다. 한번은 멀티플렉스 극장인 메가박스 측에서 도티 캐릭터 팝콘 세트 콜라보를 제안해왔다. 세트 출시 이벤트로 팬미팅도 기획되었다. 코엑스 메가박스에서 진행된 그날의 풍경을 나는 잊을 수가 없다. 그 큰 공간에 수많은 사람들이 몰렸다. 영화 관객들과 다른 업장까지 피해를 줄 만큼 혼잡했다. 그렇게 많은 사람이 올 줄은 나도, 메가박스 측에서도 예상하지 못해 매우 당황스러웠다. 무엇보다 나를 만나기 위해 먼 길을 왔는데도 사인을 받지 못한 채 돌아가야 했던 친구들이 많아서 너무 미안했다. 그전까지는 주로 온라인상에서 팬들을 만나왔기에 실제로 팬이 어느 정도 있는지 실감하지 못했다. 당황스러우면서도 기쁘고 신기했던 순간이었다.

내가 처음으로 시작한, 하나의 영상에 기승전결을 담는 영상 제작방식을 어느덧 다른 채널들에서도 따르게 되었다. 또한 마인크래프트 콘텐츠가 붐이 일면서 나도 폭발적으로 성장했다.

　나는 유튜브가 경쟁 플랫폼이라고 생각하지 않는다. 예를 들어 어떤 족발집이 잘되면 그 집의 방식을 따라 하는 또 다른 족발집이 옆에 생긴다. 그리고 계속해서 비슷한 족발집이 주변에 여럿 생기면서 경쟁자가 늘어난다. 그러나 이 경쟁이 나쁘기만 한 것은 아니다. 족발 골목이 형성되면 사람들의 유입이 늘면서 그 거리 자체가 흥하기 때문이다. 유튜브도 이와 비슷한 면이 있어서, 같은 카테고리나 소재를 쓰는 콘텐츠가 많아지면 그 자체가 하나의 붐을 이루어 결과적으로 모두 동반상승하는 효과가 있다.

마인크래프트를 하는 크리에이터가 많아지면 나에게도 좋다. 판이 커지면 대세감이 형성되고 유튜브 알고리즘이 내 콘텐츠를 추천 동영상으로 제시하면서 다른 마인크래프트 트래픽이 나에게 옮아오기도 한다. 물론 이 경우도 포화 상태가 되면 경쟁이 될 수 있다. 그러나 카테고리가 포화에 다다르고 크리에이터가 많아져도 나만의 확실한 콘텐츠가 있으면 더 성장하는 계기가 된다.

'초통령'이라는 사명감

2016년에 구독자 100만 명을 돌파하고 2018년에는 국내 게임 채널 최초로 구독자 수가 200만 명을 넘었다. 구독자 1000명을 목표로 했는데 여기까지 올 줄은 상상도 하지 못했다.

그런데 이런 수치보다 더 의미 있는 사실은 영향력을

얻었다는 것이다. 특히 구독자의 대부분을 차지하는 초등학생들에게 영향력이 커서 '초통령'이라고 불리게 되었다. 2017년에 EBS와 교육 콘텐츠 기업 '스쿨잼'이 조사한 바에 따르면, 초등학생이 가장 존경하는 사람 순위에서 도티는 1위 김연아, 공동 2위 세종대왕, 유재석에 이어 3위를 차지했다. 4위가 이순신 장군이었으니 놀랍고 기쁜 동시에 책임감과 사명감이 생겼다.

처음부터 초등학생을 타깃으로 하지는 않았는데, 채널을 운영하면서 주로 초등학생이 내 콘텐츠를 본다는 사실을 알았다. 처음에는 왠지 당황스러웠지만 곧 적응했다. 대학 때 휴학을 하고 학원에서 초등학교 5~6학년을 가르친 적이 있는데, 그때 아이들과 함께 보내는 시간이 꽤 재미있었다. 본래 아이들을 좋아하는 나는 함께 이야기하고 노는 게 귀찮거나 성가시지 않았다.

또한 내 영상은 대부분 아이들이 보기 때문에 악플로 인해 상처를 받은 적이 없다. 오히려 아이들은 뻔한 칭찬이 아니라 아주 순수하고 예쁜 댓글을 달아주었다.

"도티 님, 저는 세상에서 제일 부자예요. 온종일 도티 님 생각이 머릿속에 가득하거든요."

장난감이 많아서도 아니고 돈이 있어서도 아니고 내 생각을 많이 해서 부자라니! 세상에 이렇게 예쁜 말이 또 있을까.

학부모가 고맙다는 메일을 보내온 적도 있다. 한국인 여성과 결혼한 미국인이었는데, 자녀가 한국어를 배우길 바랐지만 아이는 도통 한국어에 관심이 없었다고 한다. 그러다 아이가 우연히 도티TV를 알게 되면서 한국어에 관심이 생겼고, 이제는 엄마한테 한국어를 알려달라고 한다는 것이다.

내가 아이에게 어떤 영향을 줄 수 있고, 그럼으로써 아이의 부모와 가정에까지 영향을 끼친다고 생각하니 가능하다면 좋은 영향을 주고 싶어졌다. 아이들이 나를 좋아하는 것에 의미를 부여하자 사명감도 커졌다.

아이들을 실망시키고 싶지 않아서

"저는 엄마 아빠 목소리보다 도티 님 목소리를 더 많이 들어요."

이런 댓글을 읽고 가슴이 저릿했던 기억이 있다. 아이들은 콘텐츠에 대한 감상만 말하는 것이 아니라 부모님 문제, 친구 문제 등 자기 고민을 있는 그대로 털어놓는다. 고민뿐만 아니라 오늘은 무얼 했고 어떤 일이 있었다는 등의 소소한 일상까지 들려주었다. 좋아하는 사람에게 자신의 일상을 이야기하고 싶은 마음, 내가 이 글을 보지 않을까 기대하는 마음이 느껴져 괜히 뭉클했다.

초등학생들도 쏟아내고 싶은 일이 있고 분명 스트레스 받는 일이 있는데, 이야기를 진지하게 들어주는 어른은 많지 않다. 아이들과 채 10분을 대화하지 못하는 어른도 많다. 그렇다면 내 채널이 아이들의 일상을 편안한 마음으로 이야기하고 위로받을 수 있는 공간이 되었으면 좋겠다고 생각했다.

다른 한편으로는 그동안 초등학생들이 재미있게 볼 만

한 영상이 정말 없었다는 사실을 깨달았다. 유튜브가 생기기 전까지 10대들이 즐길 만한 문화 콘텐츠가 풍성하지 않았다. 성인을 대상으로 만들어진 TV 프로그램을 어린이와 청소년이 함께 보는 식이다. 어린이들을 대상으로 하는 프로그램이 있다 하더라도 애니메이션 정도로 한정적이었다. 케이블TV의 애니메이션 채널을 제외하면 어린이들 취향에 맞는 콘텐츠를 적극적으로 제작하는 어른들이 별로 없었다. 그렇다면 내가 그 역할을 해야겠다는 생각이 들었다. 나는 아이들 취향에 맞는 콘텐츠를 제공하겠다는 사명감으로 더 열심히 해보자고 다짐했다.

이따금 "나이가 꽤 있는데 아이들과 웃고 떠드는 게 자괴감 들지 않느냐"는 질문을 받을 때가 있다. 그런 질문을 하는 사람들이 모르는 게 있다. 프로로서 사명감을 안고 일하는 사람들은 그 일을 정말 사랑하게 된다는 점이다. 나는 내 일에 애착이 있으며, 아이들과 소통할 수 있는 건강한 콘텐츠를 만드는 데서 보람을 느낀다.

어린 친구들은 누구를 좋아하면 정말 진심으로 좋아해

준다. 엄마한테는 반말을 해도 나한테는 "도티 님, 안녕하십니까?", "도티 님 편찮으셔"라고 극존칭으로 깍듯이 대한다. 나도 누군가의 팬이었기 때문에 그 마음이 어떤 것인지 잘 안다.

나는 아이들을 실망시키고 싶지 않아 더 열심히 일했고, 혹시라도 나쁜 영향을 줄까 봐 말과 행동을 조심했다. 해가 떠 있는 동안에는 특히 더 조심했다. 여러모로 아직 여물지 않아 외부의 영향을 받기 쉬운 10대 친구들에게는 내 행동이나 겉으로 드러나는 모습이 분명 영향을 줄 것이다. 그러니 그게 최대한 긍정적인 영향이었음 한다.

그러나 이것은 일방적인 관계가 아니다. 아이들이 내 콘텐츠를 보며 자라듯 나도 크리에이터로서 아이들과 소통하면서 더 좋은 사람으로 성장했다고 믿는다.

아이들은 진심으로 좋아하는 법을 아는 것 같다.
돌아보면 언제나 그들에게 꽉찬 사랑을 받았다.
아이들이 내 콘텐츠를 보며 커가듯
나도 아이들과 소통하면서 크리에이터로서
더 좋은 사람으로 성장했다고 믿는다.

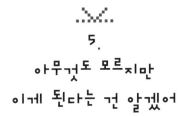

5.
아무것도 모르지만
이게 된다는 건 알겠어

미국 로스앤젤레스에서는 해마다 '세계 최대의 크리에이터 축제'라고 불리는 '비드콘'이 열린다. 비드콘이란 비디오(Video)와 콘퍼런스(Conference)의 합성어로, 전 세계 온라인 비디오에 관한 모든 것이 모이는 자리다.

도티TV가 고속성장을 하던 2014년, 비드콘이라는 행사를 알게 되었다. 알면 알수록 무척이나 가고 싶었고 왠지 모르게 꼭 가야 할 것 같았다. 비드콘에 가면 내 일에 사명감을 느끼고 선진국의 디지털 미디어 생태계를 보면서 일에 대한 이해도를 높일 수 있을 것이다. 더불어 그냥 미국에 가보고 싶은 마음도 있었다.

문제는 내가 영어를 못 한다는 것. 그리고 혼자 미국에 갈 엄두가 나지 않는다는 것이었다. 그래서 필성이를 꾀었다.

"미국에서 비드콘이라는 행사를 하는데, 유튜브 CEO도 오고 여러 가지 키노트(keynote) 세션도 많고 엑스포 같은 것도 한대! 우리 같이 가보자."

필성이의 반응은 떨떠름했다. 어렵게 휴가를 내서 왜 미국에 가야 하느냐며 반문하는 필성이를 갖은 말로 설득했다. 아니, 사정했다. 그제야 필성이는 구글 본사에 한번 가보고 싶었다며 함께 가기로 했다.

열흘 정도의 일정으로 미국에 갔다. 물론 열흘 분량의 영상은 미리 만들어서 예약 업로드를 걸어놓고 출발했다.

꿈에 그리던 비드콘에 참가한 우리는 콘퍼런스를 들으며 신세계를 경험했다. 디즈니, 드림웍스 같은 거대 미디어 기업들이 메이커스튜디오나 어썸니스TV처럼 유망한 MCN을 인수하고 있다는 뉴스를 들으니 북미권에서는 MCN 시장이 이미 크게 성장했다는 사실을 알 수 있었다.

엑스포 현장에는 1인 미디어와 관련된 스타트업과 제조업체들이 줄지어 있었고, 크리에이터들이 엄청난 스타로 대접받으며 행사가 진행되고 있었다. 어마어마한 팬덤으로 인해 굿즈도 많았고, 크리에이터가 등장하면 아이돌이 등장한 것처럼 사람들이 소리를 지르며 몰려가는 광경도 목격했다.

'우아, 이거 장난 아니구나!'

필성이도 나와 비슷하게 느낀 듯했다. 유튜브 직원과 여러 미디어에 종사하는 사람들이 의견을 나누는 세션을 보고 나서 필성이가 말했다.

"나는 세상에서 구글러가 제일 똑똑한 줄 알았는데 그게 아니었어."

그만큼 뛰어나고 창의적인 인재들이 디지털 미디어 시장에 몰려들고 있다는 느낌을 받았다. 그리고 이렇게 훌륭한 사람들이 뛰어드는 산업이라면 분명 미래가 밝으리라고 생각했다.

한국으로 돌아오는 비행기 안에서 우리는 창업을 하자

고 의기투합했다. 이렇게 특별한 것을 보고도 아무 일을 하지 않는다면 그건 죄악을 저지르는 것이라는 말까지 나누었다. 즉흥적으로 회사 이름도 고민했다. 그때 정한 이름은 CU, Creators' United의 약자였다. 안타깝게도 편의점 상호가 되는 바람에 그 이름은 쓰지 못했다.

샌드박스네트워크의 미미한 시작

한국에 돌아온 뒤 계획대로 창업을 시작했다. 소호 사무실에 주소지를 내고 둘이 각각 500만 원씩 마련해서 1000만 원의 자본금으로 2015년에 법인을 설립했다.

그런데 대표를 맡기로 한 필성이가 다시금 머뭇거렸다.

"희선아, 미안하지만 나는 구글에서 해보고 싶은 일이 아직 많아. 일단 회사를 세우긴 했으니까 다른 CEO를 찾아보자."

충분히 이해할 수 있었다. 나라도 구글이라는 회사를 포기하긴 힘들었을 것이다. 그렇지만 내가 CEO를 할 깜

냥은 되지 않았다.

그래서 우리는 CEO를 찾는 여정을 시작했다. 구글에 다녔던 사람, 스타트업에 있던 사람 등, 필성이의 인맥을 동원해 훌륭한 분들을 많이 만나 설득하려고 애썼다.

"이제 유튜브의 시대가 올 테고 트래픽도 많이 늘어나는 추세다. 따라서 이것을 비즈니스로 만들면 분명히 큰 회사가 될 것이다……."

이런 이야기를 하고 다니다 보니 어느 순간 필성이도 '이렇게 좋은 거면 내가 할까?' 하는 생각이 들었다고 한다. 그러나 필성이는 여전히 망설였다. 그래서 나는 강남역의 어느 맥줏집에서 이렇게 제안했다.

"그래, 구글을 포기하는 건 무지 어려운 일이야. 이해해. 나라도 쉽게 포기하지 못할 거야."

필성이는 대학 때부터 IT 기업에서 일하는 것이 꿈이었다. 그렇게 원하던 일, 그것도 구글을 다니는데 내 주장만 내세우며 그만두라고 할 수는 없었다.

"그래서 말인데, 네가 구글을 포기하는 만큼 나도 뭔가를 포기할게."

"뭘 포기할 건데?"

"유튜브로 버는 수익을 전부 너한테 줄게. 나는 한 달에 200만 원만 줘."

고민하던 필성이는 이튿날, 마침내 구글을 퇴사하기로 결정했다. 약속대로 필성이에게 수익을 넘겼다. 그 무렵 채널이 많이 성장해서 수익이 나쁘지 않았다.

필성이의 결단에 힘입어 본격적으로 회사 운영을 시작했다. 삼성동에 작은 사무실을 구했다. 10평 남짓 됐을까? 주택가 2층에 생뚱맞게 자리 잡은 창고 같은 사무실이었지만, 첫 사무실인 만큼 애정이 깊었다. 중고 가구 매장에서 높낮이도 맞지 않는 책상, 음식점 스티커가 붙어 있는 의자 등 사무실 가구를 마련했다. 온갖 집기는 필성이네 집과 우리 집에서 가져온 것들로 채웠다. 회사에서 살다시피 할 요량으로 집에 있는 냉장고며 전자레인지는 물론이고 간이침대까지 가져왔다.

"와, 이렇게 해놓으니까 그럴 듯하…… 아악!"

맙소사, 강남 한복판에서 쥐가 나왔다. 이따금씩 쥐들

이 놀래키는 사무실이었지만 우리는 최선을 다했다.

안전망이 있는 회사 생활을 그만두고 야생에 뛰어든 필성이는 내가 부러워하던 그 외제차를 팔고 자전거로 출퇴근하기 시작했다. 마음을 굳게 먹은 것 같았다. 우리는 서로 각오를 단단히 다졌다.

실패할 자유를 누릴 수 있는 크리에이터들의 놀이터

회사 이름은 '샌드박스네트워크'로 정했다. 샌드박스란 본래 집 뜰에다 아이들이 놀 수 있게 만들어놓은 모래 놀이터를 말한다. 아이들은 여기에서 모래로 온갖 모양을 만들고 허물면서 논다.

이 샌드박스가 IT 용어로 쓰이게 됐는데, IT 업계에서는 보호된 영역 안에서 프로그램을 작동하는 보안 소프트웨어를 뜻한다. 개발자들은 제품을 출시하기 전에 이것저것 시도하면서 테스트해보는데, 바로 이런 환경을 샌드박스라고 한다. 또한 게임에서는 유저가 마음대로 창조해내거나 게임의 룰을 정하는 등의 자율성이 높은 게임을 '샌드박스 게임'이라고 일컫는다. 마인크래프트가 바로 샌드박스 게임이다.

이처럼 다양한 의미가 있지만 일맥상통하는 의미는 하나다. 샌드박스 안에서 여러 가지를 시도하며 '실패할 자유'를 누릴 수 있다는 것이다. 개발자들은 프로그램에 일부러 부하를 주기도 하면서 실패를 두려워하지 않고 부담없이 테스트해볼 수 있다. 게임에서는 유저가 게임 속 환경을 만들었다가 바꿀 수 있다. 아이들이 모래로 무엇이든 만들었다가 아무 거리낌 없이 부수고 다시 만드는 것과 같다.

크리에이터를 비롯한 창작자들은 자유롭게 시도하고 실패하는 것이 중요하다. 그러는 과정에서 창의성이 극대화할 수 있기 때문이다. 크리에이터들이 마음껏 활동하며 성장할 수 있는 놀이터 같은 환경을 제공하고 싶다는 바람이 샌드박스라는 회사 이름을 선택한 이유였다.

뒤에 '네트워크'를 붙인 것도 이유가 있다. 나는 네트워크의 힘을 중요하게 생각한다. 그래서 내 채널에서 게임하는 크루들과 함께 방송하곤 했다. 1인 미디어인데 여럿이 하라는 말이 모순적으로 들릴지 모르겠다. 그러나 크리에이터는 혼자보다 함께할 때 서로 시너지 효과를 내고, 그렇게 모인 매체력을 바탕으로 더 큰 비즈니스를 할 수 있다고 믿는다. '샌드박스네트워크'는 크리에이터들의 네트워킹을 통해 새로운 세상을 만든다는 우리의 철학과 비전을 집약한 이름인 것이다.

창업을 하긴 했는데…… 이제 뭘 하지?

창업을 하고 보니 우리 둘만으로는 부족하다는 생각에 직원 둘을 더 뽑았다. 한 사람은 일본에서 만화를 전공했는데, 유튜브를 워낙 좋아해서 맨날 유튜브만 보는 친구였다. 거의 창립 멤버라고 부를 수 있는 이 친구는 지금도 샌드박스에 다닌다. 다른 한 사람은 나처럼 마인크래프트 콘텐츠를 만들던 유튜버였다. 그 친구는 유튜브에서는 크게 성과를 내지 못했지만, 유튜브를 해본 만큼 플랫폼 이해도가 높고 영리한 스타일이라 같이 일해보기로 했다.

이렇게 우리 네 사람은 2015년 6월 15일 첫 출근일에 사무실에 모였다. 그런데 사무실에는 적막감만이 흘렀다. 딱히 뭘 해야 할지 몰랐다.

대표답게 필성이가 입을 열었다.

"도티야, 너는 일단 오늘 영상 업로드 잘하고."

"응, 그래."

"……."

하도 할 일이 없어서 필성이가 우리를 모아놓고 비즈니스 매너를 가르쳤다.

"자, 메일 쓰는 법을 알려줄게."

메일은 어떻게 쓰는지, '참조 추가'가 뭔지, '전달'이 뭔지, 메일 예절은 어떤 건지……. 필성이 말고는 우리 중에 그런 걸 아는 사람이 없었다. 출근 첫날은 그렇게 보냈다.

미국에서는 MCN이 크게 발전했지만 한국 시장은 완전

히 다르기 때문에 미국의 MCN을 벤치마킹하기가 힘들었다. 어쩔 수 없이 바닥부터 몸으로 부딪히며 비즈니스 형태를 갖춰갔다. 당연히 처음에는 시행착오가 많았다.

한번은 어느 게임사가 게이머들을 대상으로 업데이트 론칭 행사를 주최하면서 그 행사를 우리에게 위임했다. 엄밀히 말하면 이벤트 대행사가 해야 할 일을 우리가 하겠다고 나선 것이다. 그러니 뭘 알았겠는가. 행사장에 스크린 배치하는 방법부터 해서 아는 게 하나도 없었다. 하나하나 수소문해 알아보고 입간판이며 참석자들 명찰까지 전부 우리 손으로 만들었다.

그 후로도 우리가 할 수 있는 일이라면 마다하지 않고 겁 없이 뛰어들었다. 할 일이 없으면 만들어서라도 해야 하는 시기였다. 다행히 내 채널이 웬만큼 성장해서 나에게 조금씩 제안이 들어왔고, 이를 통해 광고나 협업 건을 만들어갔다.

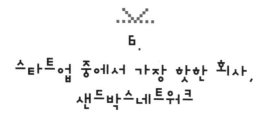

6.
스타트업 중에서 가장 핫한 회사, 샌드박스네트워크

회사 규모를 키우려면 자본이 있어야 한다. 그래서 투자를 받기 위해 IR(Investor Relations)을 하기로 했다. PR(Public Relations)이 일반인을 대상으로 하는 홍보활동이라면 IR은 투자자를 대상으로 하는 홍보활동이다.

투자받으러 다니면서 벤처캐피털(VC)에서 심사하는 분들에게 쓴소리를 많이 들었다. 그때까지만 해도 MCN 비즈니스의 전례가 없었기 때문에 "이게 무슨 비즈니스야?" 하는 반응도 많았다. 그런 반응의 근저에는 '인터넷 방송하는 애들이 무슨 사업을 해? 걔들이 사업적으로 도대체 무슨 가치가 있어?'라고 깔보는 시선이 있었다. 이

사업의 존재 이유 자체를 부정하는 사람도 있었다.

"이게 사업이 될 거라고 생각해요? 내 생각에는 도무지 안 될 것 같은데."

확신에 차서 열심히 설명하다가도 이런 소리를 들으면 의기소침해졌다. 우리도 해보지 않았으니 솔직히 100퍼센트 확신은 없었다. 자꾸 주눅이 들었다.

'그런가? 안 되는 일일까?'

아무 성과 없이 어깨가 축 처진 채로 터벅터벅 걸어 나올 때마다 불안과 걱정, 실패에 대한 두려움이 엄습했다. 내 젊음의 기회비용을 날리는 건 아닐까? 아마 필성이는 나보다 더했을 것이다. '잘 다니던 좋은 회사를 그만두고 이것 때문에 경력이 단절되는 건 아닐까, 여기서 허송세월을 하는 건 아닐까' 하는 불안이 왜 없었겠는가. 세상은 샌드박스가 아니라는 사실을 우리도 잘 알고 있었다.

그러나 이쯤에서 사업을 접자는 말은 둘 중 누구도 꺼내지 않았다. 하겠다고 마음먹었으니 끝까지 해보는 거다. 뚜렷한 확신이 있어서가 아니라 그저 도전해보는 거다. 무조건 성공이 보장되는 일이라면 너도나도 뛰어들

'허송세월을 하는 건 아닐까' 하는 불안이 왜 없었겠는가.
세상은 샌드박스가 아니라는 사실을 우리도 잘 알고 있었다.

그러나 이쯤에서 사업을 접자는 말은
둘 중 누구도 꺼내지 않았다.
하겠다고 마음먹었으니 끝까지 해보는 거다.
무조건 성공이 보장되는 일이라면
우리에게 기회가 돌아오지 않았을 것이다.
실패할 가능성이 있기 때문에
도리어 우리가 도전해볼 수 있는 값진 기회를 얻은 것이다.
포기하고 싶었던 시간들을 이런 마음으로 버텨냈다.

테고, 그러면 우리에게 기회가 오지 않았을 것이다. 실패할 가능성이 있기 때문에 도리어 우리가 도전해볼 수 있는 값진 기회를 얻은 것이다. 포기하고 싶었던 시간들을 이런 마음으로 버텨냈다.

첫 투자자 그리고 다이내믹한 성장

투자자들에게 줄곧 퇴짜만 맞던 우리 앞에 드디어 귀인이 나타났다. 다음청년창업투자조합의 투자 담당자였다. 준비한 브리핑을 경청해주고 우리의 누추한 사무실까지 와보고는 투자를 결정했다. 열 군데도 넘게 찾아갔는데 딱 한 곳, 이곳에서만 투자를 받았다. 많은 전문 투자자를 만났지만 우리에게 투자하는 건 쉽지 않은 결정임이 분명했다. 돌이켜보면, 그때 우리가 한 IR은 열심히 준비하긴 했지만 거의 뜬구름 잡는 이야기인 데다 전문가들 눈에는 고등학생이 발표하는 것처럼 비쳤을지 모른다.

벤처기업에 자금을 지원하고 그 대가를 주식으로 받는

엔젤 투자는 비즈니스를 믿고 투자하기보다 창업자와 팀을 보고 투자하는 경우가 90퍼센트 이상이라고 한다. 그렇다면 추측하건대, 구글에서 마케팅 세일즈를 한 멤버와 현업 크리에이터인 멤버라는 모양새가 좋아 보이지 않았을까. 물론 유튜브라는 플랫폼의 가능성도 결정에 영향을 미쳤으리라.

다음청년창업투자조합은 지금도 우리 회사의 지분을 가지고 있다. 그때 우리를 알아봐준 투자 담당자는 늘 가장 많은 응원을 보내주신다. 다행히 회사가 크게 성장한 덕분에 투자한 대가를 충분히 돌려드릴 수 있어서 기쁘고 감사한 마음이다.

그런데 막상 투자를 받으니 얼떨떨했다. 동시에 열심히 해야겠다는 책임감이 커졌다. 창업은 2015년에 했지만 투자를 받은 2016년에야 비즈니스를 본격적으로 시작한다고 말할 수 있었다. 실제로도 이 투자금을 토대로 직원을 더 채용하고 그럴듯한 비즈니스 형태를 갖춰나갔다.

그 후로 크리에이터들이 하나둘씩 모여들었다. 처음에

는 5개 채널로 시작했는데 그게 10개 채널이 되고 20개, 50개, 100개로 꾸준히 늘어났다. 회사가 차근차근 규모를 키워가는 동안 예상대로 유튜브 시장이 폭발적으로 커지면서 우리도 크게 성장했다. 운이 따라준 것도 사실이다. 그러나 다른 한편으로는 우리가 국내에서 비즈니스를 일찍 시작하고 다양한 노하우를 쌓아왔기 때문에 급격히 커지는 유튜브 시장에 적절히 대응할 수 있었다고 생각한다.

직원이 점점 늘고 회사의 규모는 감당하기 힘들 만큼 커졌다. 사무실도 1년마다 이사를 해야 했다. 창업 1년 만에 쥐와 동거하던 사무실을 떠나 대로로 진출했고, 건물 한 층을 빌려 쓰다가 이듬해에는 맞은편 건물 두 층을 썼다. 그러고는 삼성동 고층 빌딩 세 층을 쓰게 되었고, 마침내 2020년 12월에 용산 신사옥으로 사무실을 이전했다. 모든 것이 다이내믹하게 변하고 급속하게 성장했다.

또한 어느 순간부터 투자자들이 줄을 섰다. 발바닥에 불이 나도록 투자자를 찾아다닌 지 1년 만에 투자자들이 우리를 찾아오기 시작했다. 꼭 샌드박스에 투자하고 싶으니 조금이라도 투자하게 해달라는 투자자들을 우리가 선택하는 입장이 된 것이다. 샌드박스는 스타트업 세계에서 가장 핫한 회사가 되어 있었다.

자신의 운명을 아는 사람은 없다

대학생 때 부자가 되고 싶다는 생각에서 책을 찾아보다가 이런 내용을 접했다. 마흔 살 이전에 내가 마음껏 융통할 수 있는 돈 10억이 있으면 경제적 자유를 누린다고 말할 수 있다는 것이다. 경제적 자유라는 개념을 그때 처음 알았다. 경제적 자유를 얻으면 돈을 얻기 위해 시간을 파는 대신에 돈을 써서 시간을 벌 수 있는 것이다.

'그래, 나도 마흔 전에 10억을 벌자.'

그리고 막연하기만 하던 그 목표를 정말 이루었다.

MBC 〈라디오스타〉에 출연했을 때 "회사의 연 매출이 200억 정도 된다"고 밝히자 많은 분이 놀랐는지 '도티 연 매출 200억'이라는 제목의 기사가 쏟아져 나왔다. 그러나 엄밀히 말하면 내 매출이 아니라 샌드박스네트워크의 매출이다. 2015년 6월에 회사를 설립한 뒤 2016년에 58억, 2017년 140억 원의 매출을 기록했고, 2018년에는 매출 200억을 돌파하며 가파른 성장세를 이어왔다. 그리고 2019년에는 600억을 달성했다. 단 4명으로 시작한 회사는 2020년 말을 기준으로 250여 명의 직원이 일하고 있고, 410여 개의 크리에이터 그룹이 소속돼 있다.

크리에이터 도티의 수익은 내가 만든 3000여 개의 영상에서 나온다. 내가 자는 동안에도 이 영상들은 조회수를 올리고 수익을 낸다. 이 콘텐츠들이 내 자산이자 연금인 셈이다. 내가 지금 일을 하지 않아도 예전에 만들어놓은 가치로 돈을 벌 수 있는 것이 콘텐츠의 힘일 것이다. 물론 좋은 콘텐츠여야 오래도록 사랑받고, 높은 수익 구조를 실현할 수 있다.

첫 유럽 여행 때 들른 코펜하겐 공항의 명품 매장에서 결심한 것이 현실이 되었다. 내 손으로 이루어낸 삶의 변화가 신기하고 기쁘지만, 돈이 전부가 아니라는 뻔한 말이 진실이라는 것도 알게 되었다.

자신의 운명을 아는 사람은 없다.

그러니 운명을 속단하지 말았으면 좋겠다.

'내가 그렇지 뭐'라고 체념하지도 말고

'내 팔자는 왜 이럴까'라고 비관하지도 말았으면 한다.

세상이 나를 위해 무얼 준비해놨는지 우리는 모른다.

그러니 지금 괴롭다면, 본래의 운명을 찾아가는 과정

가운데에 있다고 생각해보면 어떨까.

'이스털린의 역설'이라는 이론이 있다. 1974년에 미국의 경제사학자 리처드 이스털린은 30개국을 대상으로 국가 행복도를 연구했는데, 소득이 일정 수준을 넘으면 아무리 소득이 증가해도 행복감이 커지지 않는다는 결론을 내렸다. 기본 욕구가 충족되고 나면 돈이 많을수록 더 행복해지는 것은 아니라는 말이다.

돈에서 얻는 한계효용은 금세 바닥난다는 사실을 나도 느꼈다. 대학생 때는 통장에 100만 원만 있으면 소원이 없겠다고 생각했다. 아르바이트를 해서 5만 원짜리 물건을 사도 만족감이 높았다. 지금은 그보다 훨씬 비싼 물건을 아무 고민 없이 살 수 있지만, 그때만큼 행복하다고 말하기는 힘들다. 예전에는 소소한 것으로도 열 번쯤 만족을 느꼈다면 지금은 제대로 한 번 느끼기도 어렵다. 세상일이라는 게 참 아이러니하다. 어려울 때는 어려워서 힘들고, 쉬워지니까 쉬워서 기쁨이 반감된다.

내 인생이 성공한 인생이냐고 묻는다면 쉽게 답할 수 없다. 그렇지만 나름의 성공을 이뤘다고는 말할 수 있다. 무엇보다 내가 만든 3000여 개의 영상이 자랑스럽고, 지나온 시간 동안 적지 않은 사람들에게 좋은 영향을 끼쳤다고 믿는다.

지금도 이 현실이 믿기지 않을 때가 있다. 가만히 누워 있노라면 옛날 그 하숙방에 누워 있던 때가 가끔 떠오른다. 내가 이렇게 살 수 있으리라고는, 내가 텔레비전에 나오리라고는 전혀 상상도 못 했다. 운명이 바뀌었다는 생각이 들 정도다. 그렇지만 어쩌면 이게 내 운명이었을지도 모른다.

자신의 운명을 아는 사람은 없다. 그러니 운명을 속단하지 말았으면 좋겠다. '내가 그렇지 뭐'라고 체념하지도 말고 '내 팔자는 왜 이럴까'라고 비관하지도 말았으면 한다. 세상이 나를 위해 무얼 준비해놨는지 우리는 알 수 없다. 그러니 지금 괴롭다면 본래의 운명을 찾아가는 과정 가운데에 있다고 생각해보면 어떨까.

PART  2

시작하면
끝장을 본다

1.
누구에게나 크고 작은 결핍이 있다

또래들과 조금만 달라도 놀림감이 되는 어린 시절, 나는 아버지가 없었다. 그리고 체구가 작았다. 엄마와 단둘이 세 들어 살던 주인집의 누나는 같이 놀다가 수틀리면 꼭 이렇게 심통을 부렸다. "아빠도 없는 게!" 그러면 나는 아무 말도 못 하고 울음을 터뜨렸다.

초등학교에 입학해서도 나는 여전히 가장 작아서 해마다 거의 1번을 차지했다. 왜소한 아이들은 덩치 큰 아이들의 표적이 되기 쉽지만, 다행히 나는 교우관계에서 특별히 스트레스를 받은 적은 없었다. 앞에 나서서 이야기하는 걸 아주 좋아하고 게임을 잘해서 친구들 사이에서 인기가 좋은 편이었다.

돌이켜보면 아버지가 없다는 결핍, 몸이 왜소하다는 불리한 조건 때문에 다른 방식으로 존재감을 드러내려고 애썼다. 약점을 어떤 식으로든 극복하는 것이 내게는 아주 중요한 과제였다. 아버지가 없는 것도 키가 작은 것도 내가 선택한 조건은 아니지만, 내 결핍은 스스로 채워나갈 수 있다고 믿었다. 존재감은 스스로 만들 수 있다.

공부를 잘하면 친구들이 나를 인정했고, 게임을 잘하면 친구들이 나랑 놀고 싶어 했다. 게임이든 공부든 뭔가를 잘하면 또래집단에서 무시당하지 않는다는 것을 본능적으로 또 경험을 통해 알았다. 그래서 게임이든 공부든 뭐든 열심히 했다. 앞에 나서기를 좋아하는 성격 덕에 항상 반장을 하고 학생회장도 했다. 친구들 앞에서 노래도 부르고 장기 자랑에도 곧잘 나갔다.

"희선이랑 놀면 재밌어."

"희선이랑 같은 편 하면 게임에서 이겨."

"희선이가 반장 됐대."

시험이 끝나면 친구들이 내 책상에 모여서 답을 맞혀봤고, 학교가 끝나면 같이 게임을 하자고 했다. 친구들 사이에서 존재감이 커질수록 교우관계에 자신감이 생겼고, 자신감이 생기니까 친구들과 더 잘 지내게 됐다.

그렇게 무엇이든 열심히 한 것은 결핍을 극복하는 나름의 생존방식이었다. 만일 결핍이 없었다면, 집안이며 외모며 재능이 뛰어나서 가만히 있어도 이목을 끄는 사람이었다면 그렇게까지 노력했을까. 아마 그러지 않았을 것이다.

누구에게나 크고 작은 결핍이 있다. 그 결핍을 회피하거나 그것 때문에 좌절하기보다는 새로운 장점을 찾으면서 극복하고자 할 때, 결핍은 절망이 아니라 희망이 된다고 믿는다. 결핍이 가능성이 된다는 사실을 깨달으면 새로운 삶의 원동력이 된다.

아버지한테 지기 싫어서

부모님이 이혼한 뒤 나는 엄마와 함께 살았는데, 딱 두 번 아버지와 지낸 적이 있다. 한 번은 초등학교 1학년 때로, 레고를 사준다는 말에 따라갔다가 오래 있지 못하고 1년 뒤에 다시 엄마한테 돌아갔다. 아버지는 무섭기만 했다. 그러다 중학교에 입학할 때 아버지가 다시 한 번 같이 살기를 원하셨다. 이번에는 컴퓨터를 사주겠다고 하셨다.

그때는 엄마도 아버지도 각자 재혼을 하셨기에, 나는 아버지와 새어머니 그리고 새어머니의 딸인 누나와 함께 지냈다. 그러나 이번에도 적응하지 못했다. 지금 생각하면 새어머니는 나쁜 분이 아니었는데, 어린 마음에 새어머니는 누나를 편애해 내가 상장을 받아가도 뜨뜻미지근하게 대하는 것처럼 느꼈다. 그리고 아버지는 여전히 무서웠다.

몇 달이나 지났을까. 여기서는 도저히 못 살겠다는 생각에 가출을 감행했다. 만 원 남짓한 전 재산과 보물 1호인 콘솔게임기 하나만 책가방에 넣고 집을 나섰다. 아버지 집은 인천 검단, 엄마 집은 경기도 성남이었다. 나는 검단에서 성남까지 먼 길을 떠났다.

그리고 그날 밤늦게 아버지가 찾아왔다. 어떻게 아무 말도 않고 엄마에게 가느냐며 노발대발했다. 나는 죽어도 가지 않겠다고 버텼다.

"그래? 그럼 알아서 해! 전학도 안 시켜주고 아무것도 안 해줄 테니까."

홧김에 한 말이 아니었다. 아버지는 그 말을 정말 지켰다. 전학시키지 않은 것이다. 호적상 아버지 밑에 있으니 아버지가 전학을 시켜주지 않으면 방법이 없었다. 성남에서 인천까지 통학은 불가능했다. 고민 끝에 군자역 근처에 사시는 외할머니 댁에서 학교를 다니기로 했다. 물론 군자역에서 인천으로 통학하는 것도 쉬운 일이 아니었다. 편도로 2시간 30분이 걸리는 길이었다.

매일 새벽에 일어나 5호선 첫차를 타고 마흔여섯 정거장쯤 지나면 송정역에 도착한다. 송정역에서 버스로 갈아타고 다시 한 시간쯤 더 가면 검단에 도착한다. 그렇게 통학하는 데만 하루에 네다섯 시간이 걸렸다. 그래도 아버지한테 지기 싫어서 결석 한 번 하지 않았다. 결국 아버지가 두 손을 들었다. 나는 2학년이 되어서야 전학을 할 수 있었다.

그 뒤로는 아버지를 만나지 않았는데, 고등학교 1학년 겨울에 주민등록증을 만들어야 해서 어쩔 수 없이 아버지를 다시 마주해야 했다. 주민등록상 주소지에서 발급받아야 했기 때문이다. 줄곧 미워한 아버지인데, 그날 아버지를 보는 순간 미묘한 감정에 휩싸였다. 그동안 아버지도 나이가 드셨구나 싶으면서 왠지 모르게 나와 닮은 사람이라는 느낌을 받았다.

어쩌면 그 사이 내가 인간은 불완전한 존재라는 점을 이해하게 됐는지도 모른다. 아버지도 나도 모두 불완전한 존재다. 아무도 완벽하지 않다. 사람은 때로는 실수하고 때로는 잘못도 하는 존재다. 그러니까 그동안은 완전하지 못한 아버지를 아들로서 원망했다면, 이때부터는 똑같이 불완전한 인간으로서 동질감을 느끼게 되었다. 물론 그 감정의 실체는 아직도 잘 모르겠다. 언젠가 내가 아버지가 되면 알 수 있을까.

미움, 상처, 오기, 용서……. 당시에는 힘들었지만 다양한 감정을 경험한 것은 크리에이터로 활동하는 데 도움이 되었다. 콘텐츠를 일방적으로 제공하는 데 그치지 않고 시청자들과 얼마나 잘 소통하느냐가 성공하는 크리에이터의 조건이기도 한데, 나는 그것이 어렵지 않았다. 이런저런 경험 덕분에 나도 모르는 새에 시청자들의 다양한 감정을 이해하는 폭이 넓어졌기 때문이다. 특히 내 채널의 주 시청자인 10대 친구들은 종종 게임과 관계없는 온갖 고민을 털어놓곤 했다. "엄마 아빠가 싸워서 고민이에요"라는 댓글이 달릴 때면 나는 진심을 담아 상담해줄 수 있었다.

누구나 살면서 상처를 받고 나쁜 감정에 휩싸일 때가 있다. 중요한 건 그 일을 마주하는 자세라고 생각한다. 나쁜 일과 맞닥뜨렸을 때 시간이 걸리더라도 제대로 소화하면 자산이 될 수 있다. 스스로를 갉아먹는 독으로 쌓아둘지 자산으로 축적할지는 자기 자신에게 달렸다.

나는 게임을 통해 세상을 배웠다

나는 언제나 혼자 집을 지키는 아이였다. 하지만 좋아하는 게임이 있어서 견딜 만했다. 초등학교 저학년 때는 콘솔게임을 하고 오락실에 다녔다. 고학년이 될 무렵엔 PC방이 생기면서 게임 문화의 규모가 엄청나게 커졌다. 그전까지는 축구 잘하고 발야구 잘하는 친구들이 인기가 많았다면, 이때부터는 스타크래프트를 잘하는 친구가 선망의 대상이 되었다.

일을 해야 했던 엄마는 내가 안쓰러웠는지 게임을 하라며 용돈을 쥐여주곤 했다. 내가 게임만 하면 푹 빠져서 즐거워하니, 엄마 입장에서 게임은 미안한 마음을 덜 수 있는 수단이 아니었을까.

이런 말을 하면 많은 사람들이 걱정스러운 눈빛으로 바라본다. 게임은 아이들에게 나쁜 영향을 끼친다는 선입견이 깔려 있기 때문이다. 그렇지만 나는 게임을 통해 세상을 배웠다. 내 세상은 아주 작고 제한적이었지만, 게임에서는 무진장 넓고 흥미로운 세상이 펼쳐졌다. 게임이 다양한 세상을 경험할 수 있는 창구가 된 것이다.

또한 그런 게임은 여럿이 팀을 이루어서 했기 때문에 폭넓은 인간관계를 배우는 계기도 되었다. 온라인은 우리 생활과 떼어놓을 수 없는 곳이 되었기에 이곳에서 이루어지는 인간관계 또한 건강하게 유지할 수 있도록 독려하는 것이 필요하다.

게임을 하면서 내가 어떤 사람인지도 알 수 있었다. 가상 세계에서 모험을 하는 롤플레잉게임(RPG)을 할 때는 향상심을 지니고 노력하는 내 모습을 보았다. 팀플레이를 할 때는 팀원들을 이끌거나 협동하는 능력을 발견했다. 전쟁 게임에서는 승부욕으로 어쩔 줄 모르는 나 자신에게 놀라기도 했다. 이처럼 게임 속의 여러 캐릭터에 따라 발현되는 다양한 면면을 발견하면서 나를 더 잘 이해하게 됐다.

뿐만 아니라 게임을 통해 창의력과 상상력이 길러졌다고 믿는다. 나는 주로 때려 부수는 종류의 게임보다 어드벤처게임이나 롤플레잉게임을 좋아한다. 그렇기에 전략을 세우고 문제를 해결하는 방식을 찾기 위해 창의력을 발휘했으며, 게임 속 판타지는 현실에서와는 다른 상상력을 자극했다.

그래서 게임을 대하는 어른들의 편견이 안타까울 때가 많다. 아이들이 유튜브를 보는 것도 무조건 좋지 않다고 여기는 분이 많지만 이제는 유튜브를 아이들의 삶에서 떼어놓을 수도 없다. 아이들에게도 문화 콘텐츠를 즐길 권리가 있고 저마다의 취향이 있다는 점을 인정해야 한다.

따라서 무작정 시청을 막는 것보다 아이가 보는 콘텐츠에 부모가 관심을 두고 같이 보면서 좋은 콘텐츠를 찾아가는 편이 낫지 않을까. 같은 게임 방송이라도 채널에 따라, 크리에이터에 따라 건전도에 차이가 있으니 함께 보면서 부적절한 영상을 걸러내고 건전한 콘텐츠를 찾아보는 것이다. 이때 아이의 취향을 파악하고 존중하는 태도가 필요하다. 편견을 버리고 조금만 관심 있게 들여다보면 유튜브는 아이가 더 넓은 세상과 더 다양한 사람을 만날 수 있는 좋은 통로가 될 수 있다.

2.
인정을 받아야
재능을 수긍한다

아이가 공부는 안 하고 게임만 해서 걱정이라며 상담해 오는 부모가 많다. 게임중독 수준이라면 문제가 있지만 그게 아니라면 무조건 막기보다 우선순위를 정하는 법을 가르치는 게 아이에게 도움이 된다.

나는 누가 가르쳐주진 않았지만 우선순위를 잘 정하는 편이었다. 숙제가 있을 때나 시험기간에 게임을 하면 마음이 불편했다. 찜찜한 마음으로 게임을 할 바에는 할 일을 얼른 해놓고 하는 편이 낫다고 생각했다. 그러면 마음이 한결 편하고 게임도 훨씬 즐거웠다.

소설가 무라카미 하루키는 가슴속까지 맛있는 맥주를

마시기 위해 42킬로미터라는 거리를 달린다고 했는데, 비슷한 기분 아닐까? 게다가 공부나 숙제가 그리 고통스럽지 않았고 재미를 느낄 때도 있었기 때문에 후딱 해치우고 홀가분한 기분으로 게임하는 게 좋았다.

물론 게임도 아주 열심히 했다. 게임도 잘하려면 시간을 갈아 넣어야 한다. PC방에 자주 갈 만큼 여유롭지 못해서 게임 잡지를 보고 게임 설명이나 공략법을 외우다시피 하고, 어떻게 플레이해야 좋은지 분석해서 친구들 앞에서 술술 설명했다.

중요한 건 순간순간 몰입해서 최선을 다하는 자세다. 게임하면서 시험을 걱정하고 공부하면서 게임을 생각하면 이도 저도 안 된다. 눈앞에 보이는 일 중에서 가장 시급하고 중요한 것부터 차근차근 해결해가면 실망하지 않는 결과가 따라온다.

중요한 건 순간순간 몰입해서 최선을 다하는 자세다.

눈앞에 보이는 일 중에서

가장 시급하고 중요한 것부터 차근차근 해결해가면

실망하지 않는 결과가 따라온다는 것을 믿어야 한다.

하루에 세 번, 자리에서 일어나는 학생

나는 고교평준화 1세대로, 공부를 많이 시키기로 유명한 학교에 배정받았다. 내가 살던 성남 구시가지는 근처 분당과 달리 사교육이 그리 심하지 않았다. 더구나 집안 형편이 좋지 않아서 사교육은 꿈도 꾸지 못했다.

우리 학교는 사교육을 금지하고 밤늦게까지 자율학습을 시켰다. 우열반을 나누어 전교 1등부터 35등까지 우반에 모아두기도 했다. '돌을 받아서 옥으로 내보낸다'는 우스갯소리가 있을 정도로 강압적이고 그만큼 입시 성적이 좋은 학교였다.

이 세계에서는 모든 것의 기준이 오로지 성적이었다. 그런 분위기이다 보니 경쟁이 치열했고 자연스레 나도 경쟁의식이 생겼다. 입학 직후 우열반 편성 때문에 반 배치고사를 봤는데, 우반에 들긴 했지만 반에서 25등에 그쳤다. 중학교 때까지는 적어도 반에서 5등 안에는 들었는데 아무리 우반이라지만 반에서 25등을 하다니…… 믿기 힘들었다. '그동안 공부를 잘하는 축에 든다고 자신했는데 아니었구나. 우물 안 개구리였어.' 내가 이 수준밖에 안 되나 싶어 내심 충격을 받았다.

그때부터 공부에 매진했다. 학교에서 사교육을 금했고 경제적으로 사교육을 받을 형편도 아니어서 나에게는 오직 학교 수업과 자율학습밖에 없었다. 또 수능 모의고사 점수가 그리 좋지 않았기 때문에 수능으로는 상위권 대학에 가기 힘들다고 판단하고 내신에 전념했다. 무엇보다 수업 시간에 정말 열심히 들었다. 그리고 내신 시험 범위가 나오기 전부터 시험공부를 시작했다.

나는 공부도 게임의 퀘스트를 깨듯이 했다. 우선 아침에 등교하면 우유 급식용 플라스틱 우유박스에 그날 볼 참고서를 다 넣어서 책상 밑에 두었다. 자리에 앉으면 점심시간에 한 번 일어나고, 저녁 먹을 때 또 한 번 일어나고, 야간자율학습이 끝난 뒤 집에 갈 때 마지막으로 한 번 일어난다. 이렇게 하루 종일 세 번만 일어나고 나머지 시간에는 앉아서 공부만 하는 규칙을 정했다.

또 한 가지 규칙은 라이벌이라고 생각하는 친구를 정해

놓고, 그 친구가 자율학습을 마치고 집에 가면 나는 10분 더 공부하는 것이었다. 짧다면 짧은 그 10분 동안 어떤 때보다 집중이 잘 되었다. 그 친구보다 딱 10분 더 공부했을 뿐인데도 큰 성취를 한 것 같은 기분이 들었다.

시험기간에는 퀘스트처럼 스스로에게 작은 상을 주는 식으로 공부했다. 예를 들어 1단원을 다 풀면 시트콤 〈순풍산부인과〉 1편 보기, 이렇게 스스로 룰을 만들고 작은 목표와 보상을 설정해서 게임하듯 공부했다.

최고가 되어보면 계속 최고가 되고 싶어진다

그렇게 공부한 끝에 1학년 마지막 기말고사에서 전교 1등을 했다. 학교 전체가 술렁거렸다. 전교 1등이라는 타이틀을 처음 달아보니 너무나 짜릿해서 놓치고 싶지 않았다. 그 뒤로 졸업할 때까지 내신 성적은 전교 1등을 놓치지 않았다.

내신 성적이 좋은 덕분에 연세대 인문계열에 수시로 합

격했다. 전국에서 58명을 뽑았는데 그 안에 든 것이다. 초등학교 때부터 받은 상 중에 글쓰기 상이 80퍼센트를 차지할 정도로 나는 글쓰기에 자신이 있었다. 글쓰기를 좋아했다기보다는 인정을 받으니까 내게 재능이 있나 보다 생각했다.

그래서 고등학교 때는 문예부 동아리 활동을 했다. 그때 처음으로 운문이라는 것을 접하고 시를 쓰기 시작했다. 이때 전국대회에서 받은 중앙도서관장상이 수시 합격에 도움이 됐다. 학과를 정할 때도 다른 재능은 없으니 국어국문학과에 가면 잘하겠지 싶었다.

7월에 수험생활이 끝나자 천국이 펼쳐졌다. 그때만큼 근심 걱정 없는 시간은 앞으로 두 번 다시 오지 않을 것 같았다. 고등학생 때는 학교에 갇혀 공부만 해야 하는 환경이었다. 물론 비인간적인 면이 많았다. 그러나 결과만 놓고 보면 나에게는 그런 환경이 좋은 대학에 진학하는 데 일조한 것만은 사실이다. 고등학교 3년 동안 몹시 힘들었지만 내가 노력해서 전교 1등, 최고라는 타이틀을 거머쥔 경험은 나에게 아주 큰 자신감을 심어주었다.

쪼끄만 애가 엄청 열심히 해

대학 졸업도, 취업도 못한 채 방황하던 2010년 10월 4일, 1004군번으로 늦은 입대를 했다. 논산훈련소에서 마음을 굳게 다잡았다. 세상이 호락호락하지 않다는 사실을 그동안 뼈저리게 느낀 터였다. 여기서 어린 친구들한테 밀리면 군 생활도, 사회에 다시 나가서도 힘들어질 것 같았다. 행군이며 유격훈련을 이를 악물고 해내고 사격도 열심히 했다. 그 결과 조교들 사이에서 나는 어느새 유명해져 있었다.

"저 쪼끄만 애가 엄청 열심히 해!"

조교들조차 나보다 어렸지만 기분 좋았다. 훈련소에서 인정받자 바닥을 쳤던 자존감이 서서히 회복되었다.

자대에 배치받은 뒤에도 최선을 다했다. 나는 행정병이었기 때문에 일을 배워야 했고, 선임은 상병 말에 늦게 후임을 받은 터라 제대하기 전에 나에게 얼른 일을 가르쳐야 했다. 그런데 선임이 일을 아주 잘하는 친구여서 기준이 높았다. 나보다 어린 그 선임에게 혹독하게 일을 배우면서 많이 혼나고 울기도 많이 울었다. 그러잖아도 입대한 뒤로 감수성이 예민해져서 떨어지는 낙엽만 봐도 울던 때였다.

그러나 고생한 보람이 있었다. 시간이 지나 나도 어느새 부대에서 인정받는 행정병이 되었던 것이다. 군수사령부에서 주최하는 음어암어 해독대회까지 나갔다. 본래 통신병이 참가하는 대회인데 내가 등 떠밀려 나가게 되었다. 훈련하는 것보다 편하겠다 싶어 공부를 시작했고 결국 1등을 했다. 병사가 1등을 한 적은 그동안 없어서 화제가 됐고, 부대로 복귀해서는 엄청난 환대를 받았다.

나는 완전히 자신감을 되찾았다. 열심히 한 만큼 성과가 좋아서 신이 났다. 그 후로는 군 생활이 즐겁기까지 했다. 내가 원해서 간 군대는 아니지만 어차피 해야 하는 일이라면 최선을 다해 몰입했다. 다른 누구를 위해서가 아니라 나를 위해서였다. 남이 인정해주는 것도 즐거운 일이지만 나 자신이 나를 인정하게 될 때, 비교할 수 없는 충만한 희열을 느낀다.

어차피 해야 하는 일이라면
최선을 다해 몰입했다.
다른 누구를 위해서가 아니라 나를 위해서였다.
남이 인정해주는 것도 즐거운 일이지만
나 자신이 나를 인정하게 될 때,
비교할 수 없는 충만한 희열을 느낀다.

3.
쓸데없는 짓의
나비효과

대학 때 친한 친구가 군대에서 외박을 나온다기에 친구를 만나러 나갔다. 밥을 먹고 나니 마땅히 할 일이 없어 나란히 근처 PC방으로 향했다.

인터넷 서핑을 하다가 우연히 피겨스케이팅 선수 김연아를 다룬 기사를 보았다. 2006년 그랑프리 파이널 쇼트 종목에서 〈록산느의 탱고〉로 어린 나이에 1위를 했다는 기사였다. 피겨스케이팅을 전혀 몰랐던 나는 기사에 링크된 경기 영상을 무심코 재생했다. 그러고는 한눈에 매료되었다.

"우아…… 요정 아냐? 이게 세상에 존재할 수 있는 퍼

포먼스야?"

그 자리에서 영상을 보고 또 봤다. 감동이 사그라들지 않아 김연아 선수의 다른 경기 영상들도 찾아보았다. 그 뒤로 김연아 선수는 세계선수권대회, 올림픽 등에서 메달을 따며 승승장구했다. 그 여정을 따라가면서 나는 김연아 선수 '덕후'가 되었다.

내 덕질의 역사

나는 덕후 중에서도 아주 '찐덕후'였다. 우선 김연아 선수 관련 영상을 모조리 모았다. 주니어 시절 영상부터 시작해 모든 경기 영상을 수집했다. 우리나라 중계본뿐만 아니라 독일, 일본, 중국 등 각국의 중계 영상을 수집했다. 30프레임, 60프레임 등 영상 프레임별로 전부 모았다. 또한 경기 영상에서 멈추지 않고 인터뷰 영상, 쿠키 영상 등 김연아 선수가 나온 영상은 죄다 편집해서 모아두었다. 특히 2007년에 방영된 〈KBS 스페셜 – 종달새의 비상〉이라는 다큐멘터리는 백 번도 넘게 봤다. 매일 아침 일어나면 그 다큐멘터리부터 보는 게 일상이었다.

내가 생각해도 참 지나치다 싶지만 그게 내 '덕질' 방식이었다. 덕후 유전자라도 있는 건지 나는 어릴 때부터 게임을 비롯해 항상 뭔가에 푹 빠져 덕질을 했다. 수집하는 걸 좋아해서 음악 CD와 게임 아이템도 모았다. 뭐든 시작하면 끝장을 보는 성격이었다.

고등학생 때는 가수 이효리 씨를 몹시 좋아해서 핑클이 나온 영상을 하나도 빼놓지 않고 모았다. 그냥 모으는 게 아니었다. 이를테면 이런 식이었다. 한번은 효리 누나가 SBS의 〈보야르 원정대〉라는 프로그램에 출연했는데, 그 프로그램이 HD로 송신됐다. 그때는 HD가 광범위하게 보급되기 전이라 대부분 SD 방송을 보았다. 그러나 효리 누나가 나오는 프로그램이라 HD 영상을 갖고 싶었다. 안달이 난 나는 결국 HD 수신기를 사서 컴퓨터에 설치한 다음 TS파일로 원본을 따고 인코딩을 했다.

심지어 팬들이 캠코더로 찍은 팬미팅 영상까지 다 모

았다. 팬들 사이에서 '레어템'으로 알려진 영상이란 영상은 모두 내 컴퓨터 속에 있었다. 그래서 팬카페에서 누가 "효리 누나 빨간색 베레모 쓰고 〈영원〉 노래 부르는 영상 있으신 분?"이라는 글을 올리면 나는 마치 기다렸다는 듯 바로 "○월 ○일 자 MBC 〈음악캠프〉 영상 말씀이시군요"라고 대답하며 영상을 올려주었다. 덕질에서는 그야말로 인공지능과 같았다.

김연아 선수를 좋아한 뒤로는 영상 수집에서 멈추지 않고 영상을 직접 편집하는 데까지 이르렀다. 도티TV 이전에 내 개인 유튜브 계정에 최초로 올린 영상이 바로 김연아 팬무비였다. 올림픽 때 금메달을 딴 영상을 모아서 편집해 김연아 팬카페에 공유하려고 만들었다.

이 영상을 만들기 위해 책을 읽고 온라인 무료강좌를 찾아보며 독학으로 편집을 배웠다. 게임을 많이 한 덕분에 편집 프로그램을 다루기는 어렵지 않았지만, 정성을 쏟다 보니 만드는 데 2주나 걸렸다. 엄밀히 말하면 이것이 유튜브에 올린 내 첫 영상으로, 아직도 그대로 있어서 종종 사람들이 성지순례 왔다는 댓글을 달곤 한다.

누구나 존재감을 키울 수 있다

김연아 선수 영상을 만든 건 자기만족을 위한 일이었지만 팬들 사이에서 내 존재감을 키우고 싶은 욕심도 작용했다. 덕질을 해도 남들과 다르게 잘하고 싶었고, 그래서 인정받고 싶었다. 무엇을 하건 어디에 가건 인정받고 싶었고 존재감을 키우고 싶었다. 학교에서든 팬카페에서든 게임에서든……. 그래서 게임도 공부도 모두 열심히 했다.

우리는 가끔 '투명인간이 된다면 뭘 하고 싶은가'라는 질문을 던지곤 한다. 그러면 사람들은 평소 해보지 못한 일을 말하기도 하고 남들에게 밝히기 힘든 소망을 말하기도 한다. 그런데 평생을 투명인간으로 살고 싶은지 물었을 때 선뜻 "네"라고 대답하는 사람이 과연 얼마나 될까? 아마 별로 없을 것이다. 사람들은 잠시 동안은 투명인간이 되고 싶을지언정 평생을 투명인간으로 살고 싶어 하진 않는다.

아무리 수줍음이 많은 사람도 자신을 드러내고 타인에게 인정받고 싶은 욕구가 조금은 있다고 생각한다. 타인의 관심을 원하는 사람을 '관종(관심종자)'이라고 비웃기도 하지만 사람이라면 누구나 그런 욕망이 있지 않을까. 나역시 그렇다. 주목받으면 기분이 좋으며, 돋보이고 싶은 마음이 있다. 어릴 때는 결핍을 채우고 싶어서 또한 내 약점을 숨기고 싶어서 더욱 그랬다.

우리는 모두 존재한다. 그러나 누구에게나 존재감이 있는 것은 아니다. 떠나갈 듯이 큰 목소리로 말을 쏟아내도 아무도 귀 기울여주지 않는 사람이 있는가 하면, 나지막이 한 마디를 해도 모두가 귀 기울이는 사람이 있다. 존재감은 자존감과 다르다. 자존감은 스스로 자신의 존엄성을 인정하는 것이어서 다른 사람과 상관없이 나 혼자 스스로를 인정하고 높여주면 된다. 그러나 존재감은 타인 또는 사회와의 관계 속에 있다. 그 속에서 나를 인정받고 내 영향력을 넓히는 것이다.

김연아 선수는 연습할 때도 빠른 속도로 링크를 돌며 분위기를 압도했다고 한다. 이처럼 가까운 주변에서부터 자신의 존재감을 높여가다 보면 언젠가는 세상이 주목할 수 있다. 나도 나를 둘러싼 작은 세상에서 인정받고 존재감을 높이고자 노력한 끝에 여기까지 왔다. 그리고 지금도 꾸준히 노력하고 있다. 당연히 여러분도 할 수 있다. 아무리 스스로가 하찮게 보여도 존재감은 얼마든지 키울 수 있다. 화면 속 작은 도티가 수많은 사람을 사로잡은 것처럼 말이다.

과몰입 오타쿠의 승리

게임이든 덕질이든 나는 좋아하는 일에 몰두했다. 그 과정에서 배우고 경험한 여러 가지가 나비효과처럼 어느 순간 원하는 일을 해나가는 계기를 만들어주었다. 전혀 쓸모없다고 생각한 것이 쓸모 있어지는 때가 오는 것이다.

중요한 점은, 의미 없어 보이는 그 무엇을 어떻게 쓰느냐, 어떻게 계기를 만드느냐. 그러려면 무엇이든 시간 때우기식으로 설렁설렁 하기보다는 열성을 다해 몰두하는 것이 좋다. 뭔가에 몰두하면 미처 몰랐던 능력을 발견하면서 자신감이 커지기도 한다.

한번 미쳐보면 그 DNA가 남는 듯 그다음부터는 쉬워진다. 내가 생각해도 나는 '과몰입 오타쿠'였다. 36시간을 게임만 한 적도 있었는데, 그렇게 해서 결국 만족할 만한 결과를 만들어냈다. 한때는 '클래시 로얄'이라는 모바일 게임에 과몰입한 끝에 세계 랭킹 1위를 찍고 LA에서 열리는 대회에까지 출전했다. 한국 랭킹 1위는 6개월 동안 한 번도 놓치지 않았다.

나는 무슨 일이든 시작을 하면 끝장을 본다. 그게 내 방식이다. 그렇게 뭔가 배우고 성취해왔다. 이도 저도 아니게 현실에서 도피해 대충 시간 때우기용으로 하기보다는 제대로 해서 성과를 내고 배우는 게 있다면 '착한 과몰입' 아닐까. 적어도 내가 게임에든 덕질에든 미쳐본 시간이 있었기에 유튜브에도 미친 듯이 빠질 수 있었다고 생각한다.

미치는 경험을 해봐야 한다. 물론 기본적으로 해야 할 일은 챙기면서 지금 상황에서 허용되는 만큼 미쳐보는 거다. 그때 느끼는 행복이 삶을 살아가는 데 좋은 에너지가 된다고 믿는다.

나는 무슨 일이든 시작을 하면 끝장을 본다.

그게 내 방식이다. 그렇게 뭔가를 배우고 성취해왔다.

주위 사람들이 비아냥거려도 내가 만족한다면 그만이다.

이것을 나는 '착한 과몰입'이라고 부르고 싶다.

게임에든 덕질에든 미쳐본 시간이 있었기에

유튜브에도 미친 듯이 빠질 수 있었다고 생각한다.

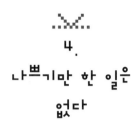

4.
나쁘기만 한 일은
없다

예전에 KBS 〈그저 바라보다가〉라는 드라마를 즐겨봤다. 우체국 직원 동백(황정민)과 톱스타인 지수(김아중)의 사랑 이야기인데, 두 사람은 지수의 교통사고를 계기로 만나게 된다. 교통사고를 당한 지수를 동백이 위로하면서 이렇게 말했다.

"세상에 나쁘기만 한 일은 없습니다. 또 슬프기만 한 일도 없고요."

이 대사가 내 마음에 꽂혔다. 최근에 인터뷰 선물로 와이셔츠에 글귀를 새겨준다는 제안을 받았는데, 이때 소맷단에 그 대사, "나쁘기만 한 일은 없다"라는 문장을 새겼다. 지나고 보니 정말 그런 듯하다. 때로는 너무 힘들고 괴롭고 슬펐지만, 그런 시간이 쌓여 지금의 나를 만들어주었다.

작고 힘이 없으니 다른 방식으로 내 존재감을 키우기 위해 노력했다. 그래서 선택한 게 공부와 게임이었고, 그럼으로써 나서서 말하기 좋아하는 성격이 계발되었다. 가난은 분명 불편하다. 그러나 나는 가난했기 때문에 적게 가져도 만족했고 만족하니까 행복할 수 있었다. 돈에는 큰 욕심이 없었기 때문에 안정된 미래를 보장받지 못해도 내가 좋아하는 일에 뛰어들 수 있었다.

　지금 이 순간에는 부정적으로 보여도 그것이 나를 단련하는 과정이 될 수 있다. 그 과정에서 남들보다 더 진지하게 세상을 고민하면서 생각이 깊어지고 공감능력과 폭넓은 시야를 갖출 수 있다. 무엇보다 그런 경험과 그때 느낀 감정은 오롯이 나만의 것이어서 보다 나를 특별하게 성장시켜준다.

작은 선택과 경험이 꼬리에 꼬리를 물고 이어지면

세상에 나쁘기만 한 일은 없듯 헛된 경험도 없다. 남들이 쓸데없는 짓이라고 손가락질할 일도, 허송세월한다고 한심하게 여길 시간도 돌이켜보니 어떤 식으로든 도움이 됐다. 친구들은 사법고시나 취업을 준비하는 동안 나는 '덕질'이나 했으니 누가 봐도 한심했을 것이다. 군대에 늦게 간 것도 다들 문제라고 생각했다. 그러나 늦게 입대한 만큼 더 열심히 군 생활을 했고 PD의 꿈도 찾게 되었다.

지금 당장은 아무 의미 없는 일처럼 보일지라도 지나고 나면 작은 선택과 경험이 꼬리에 꼬리를 물고 이어져 나를 만든다는 사실을 알게 될 것이다. 예컨대 내가 유튜브에 발을 내딛은 데에는 김연아 선수가 큰 역할을 했다. 김연아 선수를 좋아하지 않았다면 편집을 해볼 생각을 하지 않았을 텐데, 팬심 하나로 편집하는 법을 익혔더니 그게 기술이 되었다. 영상 편집을 하지 못했다면 유튜브를 하겠다고 결심하기가 훨씬 힘들었을 것이다. 결과론적이라고 할지 모르지만, 처음부터 크리에이터가 되기 위해 게임을 하거나 덕질을 한 것이 아니었다.

어느 프로그램에 출연했을 때, 내 방송을 즐겨 본다는 윤후 어린이가 자기는 꿈이 없다고 말했다. 그때 나는 이렇게 대답했다.

"지금은 꿈이 없는 게 맞다고 생각해. 벌써부터 확고한 꿈이 있으면 세상을 좁게 보지 않을까?"

이 말은 내 경험에서 나온 진심이었다. 만약 대학 1학년 때부터 대기업 취업만을 목표로 직진했다면 그 밖의 다른 세상을 경험하지 못하고 유튜브라는 세계도 발견하지 못했을 것이다. 한길만 가는 것이 나쁘다는 뜻이 아니다. 다만 이미 펼쳐진 길을 남들보다 더 빨리 가는 것만이 성공이라 여기며 뒤처졌다고 절망하는 사람들이 안타깝다. 자신이 무엇을 원하는지, 무엇을 잘할 수 있는지 모르는 채 끌려가듯 취업 시장을 떠도는 친구들도 많다.

세상은 따라잡기 힘들 정도로 빠르게 변하고 있다. 지금은 세상에서 존중받을 수 있는 취향 또는 재능의 폭이 훨씬 넓어졌다. 겨우 몇 년 전만 해도 사회적으로 별로 인정받지 못하던 재능이 이제는 가치가 높아졌다. 내 경우만 보더라도, 게임 방송이 이렇게 많은 부가가치를 창출하리라고 누가 상상이나 했을까. 다른 분야에도 분명 그런 일이 있을 것이다.

그러니 기존의 구태의연한 잣대가 아니라 새롭고 유연한 시각으로 내가 잘할 수 있는 일을 찬찬히 찾아볼 필요가 있다. 언뜻 하찮아 보이는 재능도 사회적으로 유용하게 쓸 수 있는 방법을 찾으면 얼마든지 가치를 만들어낼 수 있다. 예를 들어 지금은 글씨를 잘 쓰는 것, 필체가 좋은 것이 토익 900점을 받는 것보다 더 큰 가치를 만들 수 있는 세상이다. 실제로 예쁜 필체로 유튜브 채널을 만들어서 수백만 조회수를 올리는 사람도 많다.

꿈은 추구하는 게 아니라 발견하는 것

내 구독자들 중에도 꿈이 없어서 고민이라고 말하는 친구들이 많다. 부모님이나 사회가 꿈을 찾으라고 압박하는 분위기여서 그런지 다들 꿈이라는 보물섬을 좇아야만 한다는 강박관념에 사로잡힌 듯하다.

그렇지만 꿈을 정한다고 해서 꼭 그대로 되라는 법은 없다. 어쩌면 꿈은 추구하는 게 아니라 발견하는 것인지도 모른다. 아무리 절박한 상황에서도 꿈을 발견하고 이루기 위해 노력할 마음만 굳건하면 성공할 가능성이 있다.

내 경우를 보면, 보물섬을 찾아 헤맨 게 아니라 망망대해에서 최선을 다해 살아남아 도착한 무인도가 바로 보물섬이었다. 누가 던져준 보물섬 지도를 맹신하는 대신에 무한히 넓은 바다를 즐거이 항해했다. 아무도 가지 않은 바다를 항해하면서 매번 새롭게 다가오는 하늘의 별과 파도와 바람과 구름을 즐겼다. 고통 끝에 보물섬을 찾아낸 사람은 그 보물섬의 보물이 성에 차지 않을지도 모른다. 오직 항해를 즐긴 자만이 진정 행복한 보물섬에 도달할 수 있을 것이다.

어디에 있는지 모르는, 실제로 존재하는지조차 알 수 없는 보물섬을 찾으려 하기보다 지금 내가 즐거워하는 일에 열중해보면 어떨까? 비록 남들이 무시하는 일이라도 내가 즐거우면 열심히 할 테고, 열심히 하다 보면 꿈의 보물섬을 발견할 수 있다. 설사 발견하지 못하면 또 어떤가. 지금 내가 즐거우면 그것으로 충분하다!

초등학교 다닐 때 장래 희망을 써오라는 숙제가 있어 자신 있게 이렇게 적었다.

"훌륭한 사람."

선생님은 이렇게 쓰면 안 된다고, 엄마와 상의해서 다시 써오라고 했다. 선생님 또는 과학자, 이런 식으로 직업을 적어야 한다고 했다. 잘 이해되지 않았다. 꿈이 왜 꼭 직업이어야 하지?

나는 어릴 적 유난히 위인전을 좋아했다. 우리 집에는 별로 없었지만 이모 댁에 가면 책이 많았다. 그중 위인전집을 골라 앉은 자리에서 다 읽곤 했다. 세종대왕, 장영실, 강감찬……. 내가 모르는 옛날에 살았던 훌륭한 사람들의 이야기가 판타지처럼 다가왔고, 그들의 업적을 보며 대리만족을 느꼈다. 그러면서 이 위인들처럼 훌륭한 사람이 되고 싶다는 소망이 싹텄다.

그런데 생각해보면 장영실은 발명을 잘했고 세종대왕은 한글을 만들었고 강감찬 장군은 외세의 침략에서 나라를 구했다. 이처럼 훌륭한 사람이 되는 데는 한 가지 길만 있는 게 아니다. 그러니 저마다 자신의 영역에서 최선을 다하면 되지 않을까?

　　직업을 적으라 해서 어쩔 수 없이 써내긴 했지만 무엇을 적었는지는 전혀 기억나지 않는다. 그 후로도 뚜렷한 꿈 없이 살다가 한참 만에 우연히 크리에이터라는 천직을 발견했다.

　　어찌 보면 먼 길을 돌아온 여정이었다. 돈 많이 버는 직업을 구하겠다는 바람도, 방송국 PD가 되고 싶다는 생각도 결국 진정한 내 꿈은 아니었다. 사법고시를 포기할 때는 아쉽기는커녕 속이 후련했다. 내 몸에 맞지 않는 옷을 껴입으려고 애썼다는 사실을 그제야 깨달았다. 그러나 그 시간, 그 경험, 그때의 감정도 모두 소중하다. 먼 길로 돌아왔지만, 그 길에서 마주친 풍경과 경험이 지금의 나를 만들었기 때문이다.

초등학생 때 꾸었던 꿈을 다시 떠올려본다. 부자가 되겠다는 목표는 이루었지만 훌륭한 사람이 되겠다는 꿈은 여전히 현재진행형이다. 이제는 명사가 아닌 동사의 꿈을 꾸고 싶다. 나를 하루하루 충실하고 즐겁게 살아가게 해주는 것은 목표가 아닌 꿈, 동사로 이루어진 꿈이다.

지금 당장은

아무 의미 없는 일처럼 보일지라도

지나고 나면

작은 선택과 경험이 꼬리에 꼬리를 물고 이어져

나를 만든다는 사실을 알게 될 것이다.

PART 3

구독자 250만 명의
크리에이터는
무엇이 다른가

1.
유튜브 크리에이터를 시작할 때
기억해야 할 것들

"크리에이터가 되려면 어떻게 해야 하나요?"

이름이 알려진 뒤로 이런 질문을 많이 받는다. 어린 학생들부터 실버세대까지 모든 연령대, 다양한 배경의 사람들이 저마다 자신만의 채널을 운영하는 크리에이터를 꿈꾼다. 요즘에는 방송에 출연하다 보니 연예인들에게서도 문의가 많이 온다. 채널 운영방법을 묻거나, 이미 하고 있는 방송과 관련해 조언을 구하는 경우가 많다.

2005년에 처음 등장한 유튜브는 글로벌 인터넷 동영상 플랫폼으로 폭풍 성장을 했다. 전 세계 유튜브 사용자만 매달 20억 명에 가깝고, 이들이 유튜브를 시청하는 시간은 자그마치 하루 10억 시간에 이른다. 이런 사정은 우리나라도 마찬가지다. 2016년에는 1년 전인 2015년과 비교해 한국 이용자의 유튜브 시청 시간이 65퍼센트 늘었으며, 한국 이용자가 올린 콘텐츠는 110퍼센트 늘었다. 또 2020년에 발표된 디지털 광고 전문기업 '인크로스'의 보고서에 따르면, 최근 1년간 유튜브 이용자 수는 약 2887만 명으로 동영상 플랫폼 중에서 압도적인 1위를 기록했다.

요즘에는 많은 사람들이 유튜브를 하거나 하고 싶어 한다. 이런 상황에 발맞춰 크리에이터가 되는 방법, 유튜브 세계에서 성공하는 방법을 알려주는 책도 많고 아카데미도 생겼다. 그런데 대부분은 큰 수익을 내는 데만 관심을 쏟는다.

그러나 단번에 성공할 수 있는 콘텐츠를 만드는 일은 쉽지 않을뿐더러 바람직하지도 않다. 나는 차근차근 성과를 쌓아가는 채널이 가장 좋은 채널이라고 생각한다. 큰 성공을 거두는 콘텐츠를 만들어서 '떡상'을 하기도 하지만 그건 특이한 경우고, 설령 그렇게 됐다 해도 그러한 갑

작스러운 성공이 발목을 잡을 수 있다. 자연스레 높아진 사람들의 기준을 맞추지 못하면 하락의 길을 걸을 수밖에 없기 때문이다. 사람들의 기준에 맞추기 위해 전전긍긍하다 보면 자극적인 콘텐츠라는 함정에 빠지기 쉬우며, 자신의 성과에 만족하지 못하고 불행해질 수 있다. 모든 것은 양날의 검이다.

같은 소재, 다른 크리에이터의 개성

유튜브를 시작할 때는 가장 먼저 '어떤 콘텐츠를 만들 것인가'를 고민한다. 수많은 온갖 콘텐츠 속에서 특별함을 보여줄 수 있는 주제를 진지하게 생각해야 한다. 이때 자신이 가장 좋아하는 것을 소재로 삼아야 과정이 즐겁고 오래 할 수 있다. 동시에 꾸준히 양산할 수 있는 소재여야한다. 영상 한두 편 만들고 나서 더 이상 할 게 없다면 그냥 추억으로 남을 뿐이다.

콘텐츠 공장이 되라는 뜻이 아니다. 사람들이 구독할

만한 요인을 만들고 트래픽을 통해 수익을 확보하려면 어쨌든 영상을 꾸준히 만들어야 하기 때문이다. 재능이 탁월해서 뭘 해도 재미있는 사람이라면 상관없겠지만 그런 사람은 별로 없다. 따라서 지속적으로 즐겁게 만들 수 있는 소재를 찾는 것이 가장 중요하다.

"유튜브는 이미 레드오션이라 더는 새로운 소재가 없지 않을까요?"

너도나도 유튜브에 뛰어드는 요즘에는 당연히 이런 의문을 품을 수 있다. 어쩌면 정말 그런지도 모른다. 어디 다른 행성에서 오지 않은 한, 사람들이 상상할 수 있는 소재란 비슷비슷하기 마련이다. 이런 상황에서 어떻게 하면 내 콘텐츠를 차별화할 수 있을까? 나는 소재보다 그것을 이끌어가는 방식에 주목하라고 말한다.

똑같은 게임이나 먹방을 소재로 삼더라도 크리에이터가 어떤 매력을 지녔느냐에 따라 다르게 보일 수 있다. 예를 들어 같은 게임 콘텐츠도 어떤 사람은 퀘스트를 클리어하는 데 목적을 두고 만들 수 있고, 또 어떤 사람은 게임 클리어보다 그 과정을 잘 설명하고 흥미진진하게 포장할 수 있다. 또 다른 어떤 사람은 게임을 아주 빠른 속도로 클리어하는 것을 목적으로 삼을 수도 있다.

이렇게 같은 소재를 다루더라도 크리에이터의 개성에 따라 다양한 모습으로 발현될 수 있다. "게임 콘텐츠는 레드오션이야"라는 말은 게임 자체에 초점을 둔 것인데, 게임을 플레이하는 사람에게 초점을 맞추면 인구수만큼의 개성이 생길 수 있다.

처음에는 콘텐츠가 재미있어서 시청자가 유입된다. 그런데 계속 보다 보면 시청자는 자연스레 크리에이터를 좋아하게 되고, 그렇게 해서 팬덤이 형성되면 그 크리에이터가 진행하는 방송은 모조리 보게 된다. 내 경우에도 처음에는 사람들이 마인크래프트를 보러 왔지만 차차 도티를 보러 오는 변화가 있었다. 이처럼 팬덤이 생기는 단계가 되면 소재는 거드는 역할을 할 뿐이다. 그러므로 애정을 품고 오래 할 수 있는 소재를 찾는 것만큼이나, 그 소재를 다루는 과정에서 자신의 매력과 개성을 계속 보여준다면 장기적으로 좋은 성과를 거둘 것이다.

콘텐츠를 급속도로 발전시키는 법

유튜브를 시작할 때 유독 편집을 겁내는 사람이 많다. 편집은 어려울 것이라는 막연한 선입견 때문인 듯하다. 그러나 편집은 의외로 어렵지 않다. 편집 프로그램이 사용자 편의에 맞게끔 잘 구성돼 있고, 방송국처럼 고급 편집을 하는 게 아니므로 컷 편집 정도만 익히면 된다. 컷 편집은 단축키 하나만 누르면 범위가 지정돼서 그대로 자르고 붙이는 게 전부다. 자막 편집은 텍스트 모양 아이콘을 눌러서 범위만 지정하고 타이핑하면 끝이다. 해보지 않아서 어려워 보일 뿐이지, 두세 시간만 해보면 기본적인 것은 누구나 충분히 할 수 있다.

초반에는 자신이 직접 편집하기를 권한다. 편집을 해보면서 말투나 진행방식 등을 모니터링할 수 있기 때문이다. 자신의 목소리를 녹음해서 들어본 적 있는가? 분명 내 목소리인데 몹시 어색하게 느껴진다. 영상도 마찬가지다. 편집을 직접 하면 자신을 낯설게 보면서 어떤 점이 거슬리는지 파악할 수 있고 나쁜 습관은 교정해나갈 수 있으며 진행방식도 재고해볼 수 있다.

바둑에 '복기'라는 것이 있다. 복기란 대국이 끝난 후에 바둑의 판국을 비평하기 위해서 처음부터 그대로 다시 놓아보는 것으로, 자신이 한 일을 되풀이하면서 발전을 도모하는 일이다. 크리에이터도 편집을 통해 복기할 필요가 있다. 복기만큼 내 콘텐츠를 빨리 발전시킬 수 있는 방법은 없다.

처음부터 전문가에게 맡기는 것도 나쁘지는 않다. 그러나 자신과 호흡이 맞는 편집자를 만나기란 쉽지 않으며, 그 편집자와 오랫동안 함께하기도 정말 어렵다. 또한 편집자와 협업하더라도 자신이 직접 편집을 할 줄 아는 것과 모르는 것은 천양지차다.

편집 시스템을 모르는 사람은 편집자와 소통하기도 힘들고 피드백을 하기도 힘들다. "자막 좀 '뾰잉뾰잉'하게 만들어주세요"라는 식으로 모호하게 요청하면 편집자로서는 참 난감하기 때문이다. 내가 편집을 할 줄 알아야 편집자와도 더욱 원활하게 일할 수 있다.

편집을 할 때는 콘텐츠의 호흡을 잘 생각해야 한다. 편집은 컷 편집이 반 이상이다. 콘텐츠의 분량을 어떤 호흡으로 조절할지, 콘텐츠의 호흡이 어떤 특징을 취할지는 컷 편집을 하면서 감을 익혀야 한다. 그래서 편집자와 협업하면서도 컷 편집은 직접 하는 크리에이터가 많다.

콘텐츠의 첫인상, 섬네일의 가독성

유튜브 콘텐츠에서 섬네일은 아주 중요하다. 미리보기 이미지를 뜻하는 섬네일은 콘텐츠에서 맨 처음 보이는 화면으로, 콘텐츠의 간판 같은 역할을 한다. 사람들은 그 간판을 보고 들어갈지 말지를 결정한다. 따라서 섬네일은 내 콘텐츠의 첫인상이라고 할 수 있다.

섬네일을 만들 때는 가독성을 높이는 것이 무엇보다 중요하다. 뭐 하는 집인지를 알아야 들어갈 것 아닌가. 그러므로 어떤 콘텐츠인지 한눈에 알아볼 수 있게 만들어야 한다.

그런데 흔히 저지르는 실수가 있다. 작업할 때는 컴퓨터로 아주 큰 화면을 보기 때문에 자기도 모르게 모든 것을 그 크기에 맞추게 된다. 그러나 대부분의 유튜브 시청은 모바일에서 이루어진다는 사실을 명심해야 한다. 모바일 디스플레이에서 어느 정도 크기로 보이는지, 어느 정도의 가독성에 맞춰야 하는지를 고려해서 기준을 정하는 것이 중요하다.

나는 처음부터 이 점을 인지하고 신경을 많이 썼다. 모든 디스플레이 환경을 고려했고, 특히 사람들이 가장 많이 쓰는 디바이스 환경에서 어떻게 보이는지를 테스트했다. 또한 각 디바이스에서 가장 최적화한 환경이 무엇일지 고민했다. 별것 아닌 듯이 보이는 이런 사소한 차이가 많은 것을 달라지게 한다.

전략적인 편성은 시청 습관을 만든다

편성은 정기적으로 하는 게 좋다. 내가 할 수 있는 리소스의 한계를 정확히 파악해서 월·수요일, 금·토·일요일 등 나만의 편성 전략에 따라 시청 습관을 만들어주는 것이 유리하다. 꼭 가보고 싶은 가게가 언제 영업하고 언제 휴무인지 모른다고 생각해보라. 한두 번 가봤다가 문이 닫혀 허탕을 치면 그 가게 단골손님이 되기는 힘들다. 유튜브도 마찬가지다. 영상이 언제 올라오는지 모르는 것보다는 '이 채널은 월수금에 올라온다'라는 일종의 약속이 필요하다.

나는 채널을 전략적이고 계획적으로 편성했다. 일주일 동안 어떤 호흡으로 업로드할지를 고민했다. 상황극을 연달아 두 편 하면 힘들 수 있으니까 상황극 한 편을 하면 미니 게임으로 조금 쉬어가고, 그다음에는 크루들과 함께 토크 콘텐츠를 하는 식으로 리소스와 상황을 고려해서 콘텐츠의 흐름을 만들었다.

통제할 수 있는 영역에 집중하기

유튜브를 시작하려는 사람은 당연히 광고 수익에 관심을 둔다. 기본적으로 구글 애드센스에 가입하면 광고 수익을 얻을 수 있는데, 수익은 영상의 길이와 주제, 광고 수에 따라 달라진다.

우선 영상 시청시간이 길면 1000회 노출당 비용(CPM)인 광고 단가가 올라간다. 영상을 오래 보게 만들면 유리한 것이다. 그리고 실구매력이 있는 타깃층인 30~40대가 많이 보는 주제의 콘텐츠가 광고 수익이 높다. 또한 유튜브에서는 8분 이상의 영상을 장편이라고 하는데, 장편 콘텐츠의 경우 중간 광고가 가능하다. 시청을 방해하지 않는 선에서 중간 광고를 넣어 광고 수를 늘리면 수익을 높일 수 있다.

애드센스 광고는 입찰경매형이기 때문에 그날그날 단가가 다르고 광고주마다 쓰는 금액이 차이가 난다. 예를 들어 방학 시즌에는 10대를 대상으로 한 알바 광고, 학원 광고, 인강 광고를 많이 하기 때문에 10대를 타깃으로 하는 영상의 수익률이 높아진다. 그런데 이런 광고 세일즈는 파트너 세일즈 권한을 획득하지 않는 한 구글이 진행하기 때문에 개인이 통제할 수 있는 영역이 아니다. 그러므로 이런 문제에 신경 쓰고 스트레스를 받기보다는 자신이 통제할 수 있는 콘텐츠에 더 집중하라고 권하고 싶다.

2.
채널의 성공을 재촉하는
크리에이터의 다섯 가지 기술

유튜브에서 성공하는 데는 핵심 등장인물, 즉 크리에이터의 매력이 아주 중요한 요소다. 처음에는 마인크래프트를 보러 도티TV에 왔지만 크리에이터 도티에게 익숙해지면 도티를 보러 오게 된다. 그리고 도티를 보러 오는 사람들은 도티가 무얼 하든 좋아해준다.

"저는 매력이 별로 없는데 어떡하나요?"

혹시 이런 걱정을 하는 사람이 있을지 모르겠다.

나는 매력이 넘쳐서 여기까지 왔을까? 절대 그렇지 않다. 만일 그랬다면 처음부터 빵 터졌어야 하지 않을까. 매력을 어떻게 정의하느냐에 따라 달라지겠지만, 첫눈에 사람을 홀리는 것만이 매력은 아니다. 또한 매력은 빼어난 외모와 동의어가 아니다. 뜻밖에도 매력은 익숙함에서 비롯하기도 한다. 어떤 이에게 익숙해지면 그 사람의 매력을 발견하게 되고 친근해진다. 그러면 어느 순간 그 사람이 아주 매력적으로 느껴진다. 이런 것을 '볼매(볼수록 매력)'라고 하던가.

특히 크리에이터에게는 옆집 언니나 누나, 오빠나 형 같은 매력이 크게 작용하기도 한다. 나와 비슷한 사람이라는 친근감이 중요한 것이다. 그래서 시청자들에게 꾸준히 관심을 쏟으면 그들도 나에게 관심을 기울이고 내가 모르던 나의 매력을 알려주기까지 한다.

"도티 님, 이런 거 재미있어요. 도티 님이 이런 말을 할 때 엄청 웃겨요."

시청자들의 목소리에 귀를 기울이면 나의 어떤 면을 좋아하는지 알게 된다. 나만의 매력이 발견되는 순간이다. "점프할 때 '호도도독'이라고 하는 거 재미있어요"라는 말을 들으면 그다음부터는 점프할 때 계속 '호도도독'

을 하거나 비슷한 의성어를 쓴다. 무심코 한 행동을 시청자가 좋아해주면 그 방향으로 계속 발전시키는 것이다. 이런 식으로 시청자와 함께 나의 매력을 구축해나가고, 그동안 미처 몰랐던 나의 매력을 끄집어내는 과정이 필요하다.

때로는 단점이라고 여긴 것이 장점이 될 수도 있다. 나는 내 웃음소리가 좀 경박하다고 생각했는데, 누가 "도티 님이 웃으면 웃음소리 때문에 그냥 따라 웃게 돼요"라고 말했다. 단점이 장점으로 여겨진 것이다. 또는 아무 매력이 없어 보이는 게 오히려 매력이 될 수 있다. 한 번에 이해하기 힘들겠지만 그것이 디지털 감수성이다.

처음부터 캐릭터와 매력을 확정하고 계획해서 유튜브를 시작하는 사람은 거의 없다. 계획했다 한들 그대로 되지도 않는다. 유튜브는 일방적으로 보여주기만 하는 플랫폼이 아니기 때문이다. 어떤 콘텐츠를 하느냐, 어떤 시청자들을 만나느냐에 따라 캐릭터뿐 아니라 발현되는 매력이 달라질 수 있다.

시청자들의 목소리에 귀를 기울이면
나의 어떤 면을 좋아하는지 알게 된다.
나만의 매력이 발견되는 순간이다.
무심코 한 행동을 시청자가 좋아해줄 때도 있다.
단점이라고 여긴 것이 장점이 될 수도 있다.
아무 매력이 없어 보이는 게 매력이 될 수도 있다.

이렇게 시청자와 함께 매력을 구축해나가고,
그동안 미처 몰랐던 나의 매력을 끄집어내는 과정이 필요하다.

그러니 자신을 잘 모르더라도 용기를 내서 시작해봐야 한다. 그러면 꾸준히 캐릭터가 구축되고 매력이 발산될 것이다. 사람은 저마다 개성이 다르며, 각자 다른 캐릭터와 매력을 지니고 있다. 그렇기 때문에 사람 수만큼 다양한 채널이 가능한 것이다.

[표현] 나를 드러내고 표현하는 용기

크리에이터에게 가장 중요한 자질은 다른 사람에게 나를 드러내고 이야기하는 용기다. 자신을 표현하는 방식을 잘 모르고, 대상을 향해 의견을 전달하거나 목소리 내는 것을 어려워한다면 크리에이터가 되기 힘들다. 물론 내가 실제로 등장하지 않는 콘텐츠도 있지만, 목소리만 나오거나 자막을 쓰는 것도 나를 표현하는 범주에 속한다. 취향을 드러내든 목소리나 얼굴을 드러내든 모두 나를 표현하는 것이다.

크리에이터라면 누구나 자신을 드러내고자 하는 욕구

가 있고 시청자의 관심을 받으면 기쁘다. 그런 욕구가 나쁜 방향으로만 가지 않으면 된다. 사실 이런 욕구는 크리에이터가 아니라도 누구나 조금씩 품고 있다. 누구는 글로, 또 누구는 음악이나 춤으로 자신을 표현하듯 크리에이터는 자신을 영상 콘텐츠로 표현할 뿐이다.

어떤 방식으로든 자신을 잘 드러내려면 나를 표현하는 훈련이 필요하다. 그런데 자신의 재능이나 매력 계발은 등한시하고 아이템만 좇는 사람들이 있다. 이를테면 '요즘 영화 리뷰가 이슈라는데, 얼굴은 나오지 않고 목소리만 나오면 되니까 영화 리뷰를 해야지'라면서 무턱대고 시작한다. 그러나 영화 리뷰 채널이 성공하려면 영화를 맛깔나게 소개하는 톤앤매너 연습을 해야 한다. 아니면 발음 연습을 열심히 한다든가 하는 노력이 필요하다.

　나도 정말 열심히 연습했다. 아나운서 실기시험 준비라도 하는 듯 볼펜을 입에 물고 거울을 보면서 발음 연습을 했다. 또 직접 편집하면서 "아, 아"라는 말을 너무 많이 하는 말버릇을 깨닫고는 A4 용지에 "'아, 아' 하지 마"라고 써서 온 사방에 붙여놓았다.

상황극도 처음에는 몹시 서툴렀다. 얼마나 어색하던지 내 본래 톤으로 진행하는 것조차 버거웠다. 초창기 채널들 기준으로 보면 중하위권 아니었을까 싶을 정도로 나는 텔런트가 뛰어난 사람이 아니다. "노잼이다", "졸리다" 같은 부정적인 피드백이 꽤 많았다.

그렇지만 부딪쳐서 이겨내는 방법 말고는 다른 길이 없었다. 처음부터 잘하는 사람은 드물다. 지금 국민MC라 불리는 분들도 처음에는 다 어색하고 힘들지 않았을까. 그러니 연습밖에 답이 없다. 졸리지 않게 말하려면 어떻게 해야 할지, 톤을 다양하게 써보면 어떨지 고민하라. 상황극을 한다면 초등학생 연기도 해보고, 할아버지 연기도 해보고, 하이톤의 목소리도 연출해보면서 끊임없이 시도하고 연습해보는 것이다.

[소통과 공감] 덕후의 마음을 이해할 수 있는가

유튜브는 쌍방향 플랫폼이기 때문에 소통과 공감이 중요하다. 나는 그 점에서만큼은 유리했다. 내가 '덕후'였기 때문이다. 내가 좋아하는 대상이 나하고 소통해줄 때 어떤 기분인지 아주 잘 안다. 그 감정은 덕후가 아닌 사람은 모를 것이다.

이효리 씨의 팬이었던 시절, 옥주현 씨가 진행하던 MBC 라디오 〈별이 빛나는 밤에〉를 이효리 씨가 며칠 동안 대신 진행한 적이 있다. 신이 나서 매일 라디오를 들으며 사연을 보내던 어느 날, 내 사연이 소개된 것이다.

'효리 누나가 내 이름을 불러줬어!'

내 사연을 읽은 부분을 녹음해서 MP3로 만들어 계속 듣고 다녔다.

"나희선 씨가, 나희선 씨가, 나희선 씨가…….."

분량도 얼마 안 되는 녹음 파일을 듣고 또 들었다.

이처럼 누군가를 팬으로서 좋아해본 경험이 없는 사람은 크리에이터가 반응해주면 사람들이 얼마나 행복해하는지를 잘 모른다. 머리로는 알 수 있지만 가슴으로 이해하지는 못한다. 나는 덕후의 마음을 누구보다 잘 알기 때문에 나를 좋아해주는 사람들의 마음을 충분히 헤아릴 수 있었다. 그래서 소통은 자신 있었다.

영상을 업로드하면 초반에 달리는 댓글에 최대한 답글을 달았다. 물론 하루에 몇만 개나 되는 댓글을 일일이 다 볼 수는 없지만, 그래도 가능한 한 최선을 다해서 반응했다. 일부 구독자와의 소통이었지만 다른 구독자들도 그 답글을 보면 소통이 된다고 믿게 된다.

댓글에 답글을 다는 것 외에도 유튜브에서 소통하는 방법은 다양하다. 구독자들의 댓글에 담긴 의견을 반영해서 후속 콘텐츠를 만들고 "전에 어떤 분이 이런 콘텐츠를 추천해줘서 하게 됐어요"라고 밝히는 것도 소통하는 방식의 하나다. 내가 일방적으로 콘텐츠를 만드는 게 아니라 구독자들과 함께 만든다는 느낌을 주려고 노력했다. 내 영상에 댓글로 "오늘 하루는 다들 어떠셨나요"라는 평범한 인사를 건네기도 했다. 소통 방법은 늘 고민해야 할 만큼 크리에이터에게 중요하다.

  채널이 나와 함께 성장해나가는 느낌, 나도 이 채널의
주인이라는 느낌을 전해야 한다. 그리고 '내가 이야기하
면 도티 님에게 가닿을 거야', '당연히 도티 님이 보겠지'
라는 신뢰를 주는 것이 중요하다. 구독자가 한 사람도 없
을 때 라이브를 해본 사람이라면 허공에 대고 외치는 듯
한 기분을 잘 알 것이다. 이처럼 구독자들도 나에게 얘기
하는 것이 허공에 대고 외치는 행위처럼 느껴질 수 있다.
구독자들이 크리에이터에게 직접 말하는 것처럼 느끼도
록 소통에 공을 들여야 한다.

내 경우에는 구독자들이 어린 편이라 구독자의 부모님과
도 공감하고 소통할 수 있었다. 초등학교 저학년 아이들
의 부모님은 나와 비슷한 연배인 경우가 많다. 오프라인
행사에는 아이들이 부모님과 함께 오는데, 아이들에게도
고맙지만 부모님들에게 더 고맙고 미안한 마음이 든다.
나도 마찬가지지만, 직장인 친구들이 주말에 얼마나 쉬고
싶어 하는지 잘 안다. 그렇기에 아이와 함께 와서 기다렸

다가 사인을 받고 목말을 태운 채 행사를 지켜보는 부모님들을 대하면, 얼마나 아이를 위해 노력하고 있는지 느껴진다.

"부모님이 주말에 시간 내시는 게 쉬운 일이 아닙니다. 부모님이 여러분을 정말 사랑하시는 거예요."

그래서 행사에 온 아이들에게 이렇게 말하곤 한다. 생각은 그렇지 않으면서 말만 번드르르하게 하면 어린아이들도 거짓이라는 걸 다 알아챈다. 화려한 말솜씨보다 진솔한 말들이 모두의 마음을 움직인다.

[소신] 모든 사람을 만족시킬 수는 없다

시청자와 소통하고 의견을 반영하려고 애쓰다 보면 딜레마에 빠질 때가 있다. 의견이 저마다 다르기 때문이다. 누구는 이런 콘텐츠를 해달라고 하고, 다른 누구는 그런 콘텐츠가 싫다고 한다. 이럴 때는 도대체 어떻게 해야 할까?

백종원 씨가 식당들을 컨설팅하는 〈골목식당〉이라는

프로그램을 종종 본다. 그 프로그램에서 백종원 씨가 식당 주인들에게 자주 하는 말이 있다.

"휘둘리면 안 돼요!"

내가 가장 잘할 수 있는 메뉴를 정해놨는데 손님들이 와서 이거 해달라 저거 해달라 하면 주인은 마음이 약해져서 이것저것 다 메뉴에 넣는다. 그러면 콘셉트도 매출도 지키지 못하는 식당이 되어버린다. 그래서 주인이 소신을 가져야 한다고 강조한다.

유튜브도 똑같다. 유튜브를 보는 사람이 얼마나 많은가. 〈골목시장〉에 등장하는 식당 손님들보다 훨씬 많다. 그 수많은 사람들이 저마다 자기 의견을 쏟아낸다. 물론 좋은 피드백은 나를 발전시키는 계기가 되지만 소신이 없으면 갈팡질팡하다가 방향을 잃기 쉽다. 꼭 밀고 나아가야 할 중심 없이 이 의견 저 의견에 휘둘리면 나만의 색을 지키기 어려워진다.

그러므로 크리에이터는 소신이 있어야 한다. 나는 마인크래프트를 편성했는데 어떤 시청자가 요즘 '카트라이더 러

쉬플러스'가 핫하니 그걸 해달라고 요구한다고 가정해보자. 지금 그 게임이 핫하다고 당장 편성을 바꾸면 누군가에게는 약속을 지키지 않는 셈이 된다.

누군가 쓴소리를 하면서 캐릭터를 자신이 원하는 쪽으로 유도하려는 경우가 있다. 게다가 꼭 그런 말이 눈에 잘 들어오는 법이다. 그런데 거기에 휘둘리면 내 콘텐츠의 중심을 잡지 못하고 혼란에 빠지기 쉽다. 그렇기 때문에 소통은 하되 확고한 소신을 가지고 중심을 잃지 말아야 한다. 모든 사람을 만족시킬 수는 없다는 점을 인정해야 한다. 소신껏 하면 좋아해주는 사람들이 충분히 있다.

따라서 내가 하고자 하는 콘텐츠가 무엇인지, 내가 즐거운 콘텐츠가 무엇인지 항상 고민해야 한다. 내 콘텐츠에 애착을 품고 즐겁게 하면 보는 사람도 즐겁다. 내가 즐겁지 않고 설레지 않는 상태에서 억지로 하면 보는 사람들도 맥이 빠진다.

아무리 디지털 세상이라지만 시청자들은 진심을 느낀다. 한두 편이면 모르고 넘어가겠지만, 꾸준히 활동하면 크리에이터가 어떤 마음가짐으로 하는지 다 보인다. 팬들 유튜브를 보는 사람이 얼마나 많은가.

그 수많은 사람들이 저마다 자기 의견을 쏟아낸다.

좋은 피드백은 나를 발전시키는 계기가 되지만

소신이 없으면 갈팡질팡하다가 방향을 잃기 쉽다.

이 의견 저 의견에 휘둘리면

나만의 색을 지키기 어려워진다.

을 위하는 마음이 있는지, 콘텐츠를 만드는 게 즐거워서 하는지, 그냥 조회수 장사꾼에 불과한지 보는 사람들은 모두 느낀다.

[끈기] 계속 발을 담그고 있어야 하는 이유

구독자 약 175만 명의 게임 채널을 운영하는 김블루는 중학생 때부터 마인크래프트 BJ를 하던 친구다. 나와 인연이 있어서 우리 회사와 파트너십 계약을 맺었지만 채널 규모는 비즈니스를 할 수 없는 수준이었다. 오랫동안 기대만큼 성장하지 못했는데, 그래도 포기하지 않고 꾸준히 했다. 그러다가 '배틀그라운드'라는 게임을 만나면서 김블루는 어마어마하게 성장했다. 회사에도 기여하고 많은 사람에게 사랑받는 모습을 보면 언제나 뿌듯하고 기분이 좋다.

 김블루처럼 채널이 오랜 시간 성장하지 않아서 애태우는 경우가 흔하다. 열심히 하는데 마음처럼 되지 않을 때는 늘 찾아온다. 그래도 계속 발을 담그고 있어야 새로운 기회가 왔을 때 얼른 잡을 수 있다. 만약 김블루가 채널이 잘 안 된다고 손 놓고 있다가 '어? 배틀그라운드 나왔네? 이거 해볼까?'라고 했으면 어땠을까? 아마 성공하기 힘들었을 것이다. 채널을 꾸준히 운영하면서 계속 페달을 밟고 있었기 때문에 자신과 잘 맞는 게임이 등장했을 때 가속을 낼 수 있었다.

멈춰 있다가 다시 페달을 밟으려면 기름칠을 해야 하는 등 준비가 더 필요하기 때문에 남들보다 늦을 수밖에 없다. 유튜브는 트렌드에 몹시 민감한 매체여서 하루라도 일찍 시작하는 사람이 조회수를 100이라도 더 가져간다. 그렇기 때문에 계속해서 발 담그고 있는 사람이 기회가 왔을 때 더 신속하게 움직여 성과를 낼 수 있다.

크리에이터에게는 꾸준함과 성실함이 가장 중요하다. 이것은 중요한 차원을 넘어 채널을 존재하게 하는 원료와 같다. 크리에이터의 역량에 맞게 편성하더라도 꾸준히 작업해야 채널이 유지되기 때문이다. 월·수·금요일에만 업로드하더라도 1년 이상 지속적으로 하려면 웬만한 성실함이 아니고서는 힘들다. 꼬박꼬박 일기 쓰는 것도 쉽지 않은데 콘텐츠를 꾸준히 만들어 올리는 일은 얼마나 힘들겠는가.

그래서 재능보다는 성실함이 훨씬 중요하다고 생각한다. 적어도 나의 경우에는 무조건 노력과 시간을 쏟아부은 게 주효했다. 성실함 자체가 재능이라고 한다면 할 말이 없지만, 일반적인 의미의 성실함이 나의 능력을 계발한 원동력이라는 것만큼은 확실하다.

나는 방송에 썩 재능 있는 사람이 아니다. 연예인 지망생도 아니고 방송에 출연해본 적도 없다. 정말 평범하게 살아온 사람이다. 그래서 초반 유튜브 영상은 눈 뜨고 보기 힘들 만큼 엉망이다. 처음부터 아주 특별한 재능과 사람들을 끄는 힘이 있었던 게 아니라, 하나하나의 과정에 성실하게 임하면서 톤앤매너를 배우고 진행하는 방식을 깨달았다. 노력하는 과정에서 계발된 재능이지 선천적으로 타고난 재능이 아니다.

성실함은 엄청난 재능을 뛰어넘는 무엇을 만들어낼 수 있다. 바로 익숙함이다. 크리에이터의 성공에서 익숙함은 아주 중요한 포인트다. 특별히 탁월한 재능이 있는 사람은 어떤 것을 해도 시청자가 많겠지만 그런 사람은 흔치 않다. 그렇다면 시청자들이 나를 익숙하고 친밀하게 느끼도록 만들어야 한다. 그건 성실함이 해결해줄 수 있다. 열심히 하면, 꾸준히 나를 보여주면 어느새 시청자들은 내 목소리에 익숙해져서 나를 옆집 형이나 동생처럼 편하게 여긴다. 한 번이라도 업로드를 빠뜨리고 지나가면 허전하고 궁금해진다. 이것이 굉장한 무기가 된다.

이렇듯 1인 미디어에서는 크리에이터가 정체성이고 브랜드다. 그런데 사람들이 브랜드를 인지하는 데는 시간과 과정이 필요하다. 1인 미디어 채널은 시간과 노력이 많이 드는 일이라는 사실을 이해해야 한다.

성실함은 재능을 뛰어넘는 무엇을 만들어낼 수 있다.

바로 익숙함이다.

크리에이터의 성공에서 익숙함은 아주 중요한 포인트다.

탁월한 재능이 있는 사람은 아딴 것을 해도 시청자가 많겠지만

그런 사람은 흔치 않다.

그렇다면 시청자들이 나를

익숙하고 친밀하게 느끼도록 만들어야 한다.

그건 성실함이 해결해줄 수 있다.

[멘탈] 불통이 되지 않는 선에서 나를 보호하는 일

크리에이터는 때로는 악플에 견딜 수 있는 강인한 정신력을 갖춰야 한다. 악플은 소통할 때 부딪히게 되는 어려움이다. 날것의 반응이 아무 거름망 없이 그대로 드러나는 유튜브에서 크리에이터들은 누구나 악플에 노출되어 있으며, 악플은 암암리에 독처럼 쌓여서 크리에이터들의 마음을 병들게 한다.

100개의 선플도 1개의 악플을 대체하지 못한다. 재미있다는 사람이 100명 있어도 재미없다는 사람 1명에게 자꾸 신경을 쓰게 된다. 특히 생방송 때는 채팅창에 실시간으로 댓글이 올라오는데, 신나게 방송하다가도 '뭐야, 재미없네'라는 멘트 하나에 의기소침해져서 진행이 부자연스러워진다.

그러나 이 정도 피드백은 애교에 속한다. 이런 경우에는 나의 발전을 위해서 어떻게 하면 더 재미있게 할 수 있을지 고민하는 것이 더 좋다. 합리적인 비판이나 피드백은 긍정적으로 받아들여 나를 개선할 필요도 있다.

그렇지만 악플을 위한 악플은 보지 않는 것을 권한다. 유튜브에는 필터링 기능이 있으니, 욕설은 필터링을 걸어 놓고 차단해서 보지 않는 편이 낫다. 시청자와 불통이 되지 않는 선에서 나 자신을 보호하는 것 또한 중요하기 때문이다.

머리로는 안 봐야 한다고 알면서도 궁금해서 자꾸만 악플을 보는 사람이 있다. 공지영의 소설 『고등어』에 혓바늘이 돋았을 때 굳이 앞니에 돌기를 비벼서 아픔을 확인한다는 내용이 나온다. 악플도 혓바닥에 난 작은 돌기에 불과해서 의식하지 않으면 크게 지장을 주지 않는데, 굳이 건드려 아픔을 확인하고 싶은 게 사람의 심리인가 보다. 그러나 악플을 굳이 찾아서 보는 것은 바닥에 떨어져 있는 칼을 집어 자기 자신을 찌르는 것과 같다.

어쩌다 악플을 보더라도 의연할 수 있도록 스스로 마인드 컨트롤을 하고 훈련할 필요가 있다. 내가 잘되는 만큼 따라오게 마련이니 성공의 반작용이라고 받아들이면 조금 낫지 않을까. 채널을 운영하다 보면 이런저런 일이 많고 변수가 생길 수밖에 없다. 그럴 때는 오직 자기 자신과 콘텐츠의 힘을 믿고 굳건히 대처해나가야 한다. 살다 보면 좋은 일도 있고 나쁜 일도 있듯, 크리에이터의 삶도 마찬가지다. 유연하고 열린 자세로 파도를 타면서 아름다운 서핑을 즐길 수 있길 바란다.

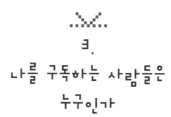

3.
나를 구독하는 사람들은
누구인가

크리에이터에게는 자신의 콘텐츠를 보는 사람들의 마음을 이해하는 능력이 필요하다. 사람들이 아무 이유 없이 영상을 시청하는 게 아니기 때문이다. 내가 올린 영상을 사람들이 봤다면 분명 어떤 이유가 있는 거다.

그런데 "내가 봐도 별로인데 도대체 왜 볼까?"라고 말하는 사람이 있다. 이유를 이해하지 못하면 크리에이터로서 길게 일하기 힘들다. 이유를 알아야 사람들의 니즈를 파악할 수 있고, 니즈를 파악할 수 있어야 제대로 된 기획이 가능하기 때문이다.

나는 내 콘텐츠를 구독하는 사람들이 항상 궁금했고 또

그 사람들에게 관심이 많았다. 초등학생들이 내 채널을 많이 본다는 사실을 알게 된 후로는 나도 그들을 알고 싶어졌다. 당시에는 10대 아이들이 가장 많이 사용하는 SNS가 '카카오 스토리'였기 때문에 나도 카카오 스토리를 열심히 했다. 소모임을 만들어 캐릭터로 소통하는 문화에 적극 동참했고 공지나 게시글도 카카오 스토리에 올렸다. 그러면서 아이들이 어떤 생각을 하고 무엇을 좋아하며 어떤 일상생활을 하는지 파악할 수 있었다. 또한 내가 10대에게 영향을 주고 있다는 사실에 사명감을 느끼면서 10대를 위한 좋은 콘텐츠를 만들어야겠다고 다짐했다.

나를 지켜봐주고 좋아해주는 사람들에게 관심을 쏟는 건 아주 당연한 일인데, 조회수에만 신경 쓰는 크리에이터가 많다. 거듭 강조하지만, 유튜브는 일방향 미디어가 아니기 때문에 구독자를 알고 이해하는 것이 중요하다. 이것은 채널의 성공을 위해서도 필수적이다.

분석 툴은 알고 있다

내 채널을 보는 사람들이 누구인지, 왜 내 채널을 보는지 어떻게 파악할 수 있을까? 구독자들에게 물어보면 가장 좋겠지만 일일이 물어볼 수는 없으니 정량적·정성적 지표를 사용해보자. 유튜브 분석 툴을 활용할 수도 있고 성과지표를 정성적으로 들여다볼 수도 있다. 샌드박스는 각각의 크리에이터에게 콘텐츠에 대한 피드백 리포트를 정기적으로 제공하는데, 이렇게 전문가의 이야기를 듣는 것도 좋은 방법이다.

유튜브 분석 툴에는 모든 정보가 다 들어 있다. 시청자의 연령대, 시청하는 시간대, 어떤 기기로 재생했는지, 시청 시간은 얼마나 되는지, 이탈률은 얼마나 높은지, 트래픽 소스가 어디에서 왔는지……. 굳이 사람들한테 물어보지 않고 이 정도만 제대로 분석해도 콘텐츠에 대한 피드백은 충분하다.

나는 콘텐츠의 성과를 아주 열심히 분석했다. 영상 한 편을 올리면 반드시 유튜브 분석 툴에 들어가서 데이터를 체크하고 분석했다. 예를 들어 15분짜리 영상의 이탈률 그래프를 검토할 때, 6분대에서 7분대로 넘어가면서 그래프가 잠깐 내려갔다면 사람들이 그 지점에서 지루함을 느꼈을 가능성이 높다. 그러면 다음에는 그런 장면을 지양한다. 누가 깨우쳐주지 않아도 이리저리 연구하면서 숫자와 그래프로 나타나는 지표의 의미를 찾아나갔다. 그런 과정을 거치면서 채널이 더욱 사랑받았다.

지금도 분석 툴을 활용하는 크리에이터는 그리 많지 않다. 그저 왜 조회수가 오르지 않을까, 왜 구독자가 늘지 않을까 고민만 한다. 분석 툴은 이럴 때 매우 유용하다. 이것이야말로 사람들의 반응을 정직하게 수치로 나타내는 고마운 툴이다. 단순한 조회수나 댓글이 알려주지 않는 많은 의미를 그 수치들이 말해준다.

그래서 나는 크리에이터들에게 자기 콘텐츠와 관련된 여러 지표를 열심히 검토하라고 말하곤 한다. 물론 수치에 너무 얽매여서 수시로 들여다보는 것도 좋지 않지만, 자신이 세상에 내보낸 콘텐츠는 피드백을 받고 개선해야 발전할 수 있다.

맞춤 콘텐츠와 전략적 배려가 가져오는 선순환

주 시청자를 파악했으면 이제 그들을 위한 맞춤 콘텐츠를
제공해야 한다. 앞에서 말했듯이 내 채널의 주 시청자는
초등학생이었기 때문에, 초등학생이 귀가하는 오후 3시
에서 6시 사이에 영상을 업로드했다. 방학 동안에는 좀 더
이른 시간에 올리고, 시험기간에는 일찍 하교하니까 오후
1~2시쯤에 영상을 올렸다. 시청자들의 생활 리듬을 체크
해서 가장 여유롭게 볼 수 있는 시간, 가장 많이 찾는 시간
에 맞춰 전략적으로 편성한 것이다.

또한 채널을 분석해본 결과, 영상은 15~20분 안팎이
적당하다는 것을 알았다. 일상에서 남는 자투리 시간에
영상을 소비하는 경우가 많기 때문인 듯했다. 그리고 너
무 어려운 주제나 깊이 있는 구성보다는 간단한 주제를
쉽게 이해할 수 있는 톤으로 만든 영상이 좋은 반응을 얻

었다. 내 채널은 아이들이 많이 보니까 더욱 그런 경향이었다. 그런 분석을 토대로 하루에 20분쯤 부담 없이 볼 수 있는 콘셉트의 영상을 제작했다.

시청자가 어떤 사람들인지를 알면 세세한 것까지 배려할 수 있다. 나는 아이들이 많이 본다는 사실을 인지한 순간부터 무엇보다 음향에 신경을 썼다. 아이들이 내 영상을 스마트폰으로 몰래 보는 경우가 많아서 이어폰이나 헤드폰을 이용한다는 말을 들었기 때문이다. 좋지 않은 음질로 송출하면 파열음이 나기도 하고 귀가 상할 수 있다는 생각에 값비싼 마이크를 사고, 오디오 인터페이스와 믹서도 한참을 고민한 끝에 설정했다. 게임 크리에이터들 중에는 오디오에 세심하게 신경 쓰는 사람이 별로 없다. 그렇기 때문에 내 콘텐츠는 음향 측면에서도 좀 더 차별화되었다.

시청자를 배려해서 개선하다 보면 그것이 내 채널의 특장점이 되는 선순환이 일어난다. 따라서 시청자가 어떤 사람들인지 알고 배려하는 것은 자신에게도 좋은 일이다. 혹여 시청자들이 까다로운 요구를 하더라도 성가시게 여기기보다는 발전의 계기로 삼는 자세가 필요하다.

시청자의 성향도 알아야 한다. 내 콘텐츠의 어떤 면에 열광하는지 파악해야 반응이 좋은 면은 발전시켜서 성장을 가속화할 수 있고, 반대로 싫어하는 부분은 개선할 수 있기 때문이다. 그래서 나는 팬카페에 들어가거나 페이스북 또는 카카오 스토리의 소모임에 들어가서 시청자들이 어떤 언어를 쓰고 무슨 생각을 하는지 들여다보았다. 10대와 나는 세대 차이가 날 수밖에 없기 때문에 그들에 관해 이런 식으로 공부해둔 것이 꽤 도움이 됐다.

사실 나이를 먹으면 트렌드에서 멀어지기 쉽다. 개인차는 있겠지만, 그런 이유 중 하나는 나이가 들수록 익숙한 것만 찾고 새로운 것을 꺼리기 때문이다. 노래도 맨날 듣던 익숙한 노래만 반복해서 듣는다. 그게 편하니까. 그러나 편하고 익숙한 것에만 머물러 있다 보면 요즘 사람들이 무엇에 열광하는지 모르며, 알더라도 이해하기 힘들어진다.

나는 어린 친구들과 소통하기 위해 철들지 않으려고 애
쓰는 편이다. 그들의 감각과 비슷한 결을 유지하기 위해
어린 친구들이 요즘 어떤 것에 열광하는지 찾아보면서 감
을 유지하려고 한다. 내 연배의 어른들이 "요즘 아이들이
란……"이라고 혀를 찰 때 나는 '요즘 아이들은 이런 걸
좋아하는구나!'라며 눈을 반짝인다. 익숙하지 않아서 새
롭고 내가 자란 시대와 달라서 흥미롭다. 사람들과 소통
하는 능력은 다른 문화나 가치를 받아들이는 열린 마음에
서 나온다고 믿는다.

내 콘텐츠가 취향인 사람이 반드시 있다

사람들이 왜 내 영상을 시청하는지 종종 궁금했다. 내 콘
텐츠보다 좋은 콘텐츠가 많을 텐데 왜 굳이 이걸 볼까? 그
래서 직접 물어본 적이 있다.

"프라임타임에는 재미있는 프로그램이 많은데, 왜 제
라이브 방송을 보시나요?"

돌아온 답은 "그냥 이게 제일 재미있어서요"였다. 사실 그 전까지 내 콘텐츠는 대체재일 뿐이라고 생각했다. 특히 아이들은 채널 선택권이 없으니 유튜브나 아프리카TV를 보다가 내 영상을 보는 게 아닐까, 하고 쉽게 생각했다.

그런데 그게 아니었다. 그들에게는 그냥 내 콘텐츠가 제일 재미있는 것이었다. 누군가에게는 〈겨울왕국〉, 〈어벤져스〉보다 도티TV의 게임 영상이 더 흥미진진할 수 있는 거다.

내가 어릴 때만 해도 미디어 선택권이 별로 없어서 모두 비슷비슷한 프로그램을 봤다. 취향 따위를 생각해볼 기회조차 없이 그저 주어지는 것을 시청했다. 그러나 이제는 선택의 폭이 넓어졌기 때문에 사람들은 이것저것 두루 보면서 자신의 취향을 알아간다. 취향은 다양성을 통해 만들어지는 것이다.

사람들의 취향은 더욱더 세분화, 파편화하고 있다. '취향저격', '취존(취향 존중)' 같은 말이 널리 쓰이는 것만 봐도 이제는 모든 취향이 존중받는 세상, 자신의 취향이 어떠하든 만족할 만한 콘텐츠를 찾을 수 있는 세상이 되었다.

그러므로 이른바 프리미엄 콘텐츠를 정의하는 기준은 셀럽이 많이 출연하거나 제작비가 많이 들어간 것이 아니라 '사용자의 효용'이 되어야 하지 않을까. 어떤 이에게는 스마트폰으로 찍은 화질 360p의 조악한 브이로그가 엄청난 예산을 투입한 다큐멘터리보다 흥미진진할 수 있는 것이다. 콘텐츠의 가치를 평가하는 기준은 이제 제작자의 관점에서 수용자의 관점으로 바뀌어야 한다는 것이 나의 생각이다.

누군가는 내 콘텐츠를 가장 흥미로워한다는 사실을 깨달으면서 비로소 나도 스스로를 인정하게 되었다. '그래, 나는 누군가가 가장 재미있게 보는 영상을 만드는 사람이야.' 이렇게 스스로를 응원하며 더욱 책임감을 느끼고 콘텐츠를 만들게 되었다.

유튜브를 시작해보고 싶지만 자신의 취향이 너무 마이너해서 시청자가 있을지 모르겠다고 걱정하는 사람들이 있다. 그렇지만 사람들의 취향은 정말 각양각색이다. 아직까지는 마이너와 메이저로 나누길 좋아하지만 앞으로는 그 경계조차 희미해질 것이다.

더구나 마이너와 메이저를 나눌 자격이 과연 누구에게 주어진 걸까. 나에게 재미있으면 그게 바로 메이저다. 유튜브는 마이너가 메이저로 부상할 수 있는 무한한 가능성이 있는 세계다. 그리고 메이저가 되지 않으면 또 어떤가. 나와 취향이 비슷한 사람을 만나 공감하는 것만으로도 콘텐츠를 공유하는 가치가 충분히 있다.

의도하지 않음을 의도하라

1인 미디어에는 정답도 없고 공식도 없다. 신문, 잡지, TV, 라디오 같은 전통적인 미디어를 뜻하는 레거시 미디어(legacy media)에서는 40~50대 여성을 타깃으로 해야 시청률이 잘 나온다든가, 특정 주제나 콘텐츠를 다뤄야 시청률이 오른다든가 하는 공식이 있다. 그러나 유튜브에서는

누군가는 내 콘텐츠를 가장 흥미로워한다는

사실을 깨달으면서

비로소 나도 스스로를 인정하게 되었다.

그런 통념과 전혀 다른 콘텐츠가 대중에게 사랑받기도 하므로 공식이 있다고 잘라 말할 수 없다.

그나마 지금은 여러 가이드 또는 노하우가 공유되고 있지만, 내가 유튜브를 처음 시작할 때는 롤모델도 가이드도 없었기 때문에 매일매일이 새로운 도전과 실수의 연속이었다. 좋은 영상을 만들기 위해 다른 카테고리의 영상을 수없이 보면서 트렌드를 읽고 영감을 얻으려 했다. 그런 다음 내 생각대로 만들어서 시청자의 반응을 살펴보고, 별 반응이 없으면 다음 영상은 다르게 시도했다.

물론 꼭 계획한 대로 되지는 않는다. 마인크래프트를 하는 게임 크리에이터니까 관련 콘텐츠가 좋은 반응을 얻을 것 같지만 뜻밖의 콘텐츠가 더 좋은 반응을 얻기도 했다. 예를 들면 유튜브를 시작한 초반에 제안을 받아서 내가 직접 노래를 부른 뮤직비디오 영상을 올린 적이 있었다. 그런데 그 영상 조회수가 엄청나게 올랐고, 여전히 도티TV에서 총 누적 조회수 1위를 기록하고 있다. 전혀 예상하지 못한 반응이다. 이처럼 열심히 기획해서 일주일 동안 공들여 만든 영상보다 계획에 차질이 생겨서 부랴부라 즉흥적으로 만든 콘텐츠의 조회수가 훨씬 더 잘 나오기도 한다.

이처럼 의도하지 않았는데 반응이 좋은 사례가 하나둘 쌓이다 보면 그 의도하지 않음을 의도할 수 있게 된다. 이 또한 100퍼센트 적중하는 법은 없지만 성공 빈도를 높일 수 있게 된다. 그래서 기본적으로 퀄리티 컨트롤이 무척 중요하다. 기복은 생길 수 있어도 최대한 평균치를 맞추려고 노력하는 것이다. 획기적으로 재미있지는 않더라도 지금 상태에서 사람들이 좋아할 만한 평균치의 감성은 유지해야 한다. 당연히 그 기준도 점점 높아지겠지만, 노력하지 않는 것보다는 훨씬 낫다.

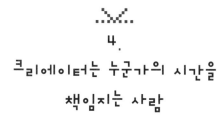

4.
크리에이터는 누군가의 시간을
책임지는 사람

크리에이터는 누군가의 시간을 책임지는 사람이다. 그러므로 무엇보다 다른 사람들의 시간을 소중히 여겨야 한다. 시청자가 내 콘텐츠 탓에 시간을 낭비했다면 일말의 죄책감을 느껴야 한다고 생각한다. 모든 사람을 만족시키기는 힘들다 해도, 최소한 그런 마음가짐으로 콘텐츠를 만드는 태도가 중요하다.

크리에이터들 중에는 이렇게 생각하는 사람도 있을 것이다.

'어차피 공짜로 보는 건데 내가 왜 그렇게까지 책임감을 느껴야 해?'

물질적인 피해를 주는 게 아니니까 다른 사람의 시간을 낭비하는 걸 대수롭지 않게 여기곤 한다. 그러나 한 사람의 시간을 기회비용으로 환산했을 때의 사회경제적 가치라는 것이 있다. 그 사람이 내 콘텐츠를 볼 시간에 자신이나 사회에 더 가치 있는 일을 할 수도 있다는 점을 간과해서는 안 된다.

같은 맥락에서 크리에이터가 시청자에게 끼치는 영향, 더 나아가 사회에 끼치는 영향도 염두에 두어야 한다. 그런데 내가 줄 수 있는 영향은 무시하고 거둬들일 수 있는 성과만 생각하는 사람이 많다. 그러다 보니 자극적인 영상, 불건전한 콘텐츠, 심지어는 반사회적인 콘텐츠까지 만들게 된다.

　이런 현상은 크리에이터가 자신이 만드는 영상이 누군가에게 영향을 끼칠 수 있다는 점을 인지하지 못하는 탓에 나타난다. 영향력을 인지한다면 과연 그렇게 제작할 수 있을까. 미미하나마 내가 문화를 만들고 있으며 그 문화의 영향을 받는 시청자들이 있다는 사실을 반드시 인지

『도티의 플랜B』
행운의 번호 이벤트 응모 안내

친필 사인본 10,000부에는 행운의 번호가 인쇄되어 있습니다.
QR코드를 찍어 행운의 번호 추첨 이벤트에 응모하세요!

2월 4일(목) 저녁 7시 30분
▶ YouTube 도티TV에서
나희선 작가님이 직접 번호를 추첨하여 푸짐한 선물을 드립니다!

❶ 행운의 번호 사진 인증
❷ 선물 받으실 연락처(개인정보 동의 필수)
❸ 작가님께 하고 싶은 이야기를 올리면 응모 완료!

★ 응모기간: 2021년 1월 20일 ~ 2월 4일 오전 11시 마감
★ 당첨 선물: 작가님이 직접 선정한 <플랜B 응원템>
★ 당첨자 발표: 개별 이메일 발송 및 웅진 북적북적 인스타그램(@wj_booking)

『도티의 플랜B』 출간 기념
랜선 북콘서트에 여러분을 초대합니다!

2021년 2월 4일(목) 저녁 7시 30분
▶ YouTube 도티 TV LIVE 방송

"플랜A가 실패했다고 주저앉지 마라.
가능성은 언제나 우리의 예상보다 크게 팽창한다."

도티이자 나희선의 연속 성공을 가능하게 한
결정적 선택들과 태도에 관한 이야기

+ 행운의 번호 추첨 이벤트, 작가Q&A도 함께 진행합니다!

해야 한다.

조카 같은 아이들이 볼 수 있다고 생각하면

크리에이터 도티에게 붙는 수식어 중에 '클린 크리에이터'라는 게 있다. 방송 중에 욕설을 쓰지 않고 건전한 콘텐츠를 만든다고 해서 붙은 수식어다. 나는 아프리카TV에서 라이브 방송을 할 때부터 욕설을 사용하지 않았다. 디지털 미디어는 심의에서 자유로운 편이라 욕설이나 제법 자극적인 내용이 포함될 수 있는데, 그것을 즐기려고 시청하는 사람도 많다.

하지만 나는 본래 욕을 하는 편이 아니었고 주변에 욕을 하는 사람도 없었다. 그러니 설사 욕을 한다고 해도 어울리지 않을뿐더러 제대로 하지도 못한다. 무엇보다 이른바 '인터넷방송스러운' 것을 탈피하고 싶었다. 또한 조카 같은 아이들이 볼 수 있다는 생각을 하면 부끄럽지 않은 영상을 남기고 싶었다.

내 영상을 아이들이 많이 본다는 사실을 알게 된 뒤로는 더 친절하게 말하려고 애썼다. 똑같은 내용이라도 전달하는 방식이 상냥하면 시청하는 사람을 훨씬 기분 좋게 할 수 있다. 그런 상냥함이 나를 차별화하는 특성이자 장점이 되었다.

그 덕분인지 나는 악플 때문에 스트레스를 받은 적이 없다. 유튜브에서는 채널마다 댓글의 양상이 전부 다르다. 댓글도 크리에이터의 스타일을 따라가는 것이다. 내 채널은 학부모들이 안심하고 아이에게 시청을 허락하는 경우가 많았는데, 이 점은 채널이 성장하는 데 득이 되었다. 또한 더 많은 대중을 대상으로 하는 방송에 출연하고 활동하는 데에도 이점으로 작용했다.

온라인뿐 아니라 실생활에서도 영향력을 고려해야 한다. 구독자가 웬만큼 늘어나면 오프라인에서도 나를 알아보는 사람이 생기게 마련이다. 그러니 항상 누가 지켜본다는 생각으로 행동을 조심할 필요가 있다. 아니, 더 바람직한 건 그냥 내가 좋은 사람이 되는 것이다. 남의 눈을 의

식해서 좋은 사람인 척하는 것보다 그냥 좋은 사람이 되려고 노력하는 게 가장 편하다. 내가 영향을 끼치고 있다는 사실을 깨달으면 몸을 사리는 게 아니라 자연스레 더 나은 사람이 될 것이다.

자극적인 콘텐츠의 뻔한 한계

유튜브를 하다 보면 조회수에 집착하게 되고, 생각만큼 조회수가 오르지 않으면 자극의 유혹에 빠지기 쉽다. 아예 처음부터 조회수 장사를 목적으로 수위를 높이는 콘텐츠도 있지만, 절박해진 나머지 점점 자극적인 방향으로 흐르는 채널을 보면 몹시 안타깝다. 물론 표현의 자유는 존중해야 하며, 그것도 그 사람의 선택이니 무조건 비난할 수만은 없다. 분명 자극적인 콘텐츠를 찾는 수요가 있으니 그런 욕구를 해소해준다면 사회적 효용이 전혀 없다고는 말하기 어렵다.

그러나 도가 지나친 자극적인 콘텐츠에는 제동을 걸 필

요가 있으며, 실제로 플랫폼에서도 규제 등의 방법으로 해결하려는 노력을 기울이고 있다. 표현의 자유를 침해하지 않는 선에서 광고를 제한하면 돈을 위해 자극적인 콘텐츠를 만드는 사람들을 억제하는 효과가 있을 것이다. 이처럼 플랫폼의 노력과 동시에 디지털 리터러시(literacy: 문해력)를 높이는 교육, 크리에이터들의 자발적인 정화 노력 등이 함께 따라야 할 것이다.

무엇보다, 건강한 콘텐츠가 자극적인 콘텐츠보다 더 성공했으면 좋겠다. 건강한 콘텐츠가 성공한다는 대세감이 형성되면 자율적인 정화가 어느 정도 가능하지 않을까. 어느 분야든 어두운 면은 있지만, 정성스럽게 좋은 콘텐츠를 만드는 사람들이 더 반짝여서 어두운 곳까지 환한 빛이 퍼졌으면 좋겠다.

분명한 사실은 자극적인 콘텐츠는 오래가지 못한다는 것이다. 사람들은 항상 더 강한 자극을 원하게 되어 있다. 그 기대에 부응하려면 오늘보다 내일 더 자극적인 내용을 다뤄야 하는데, 그런 함정에 빠지면 수명이 짧아질 수밖에 없다. 결국엔 임계치에 도달하기 때문이다. 창의성을 결여한 자극에는 미래가 없다.

땅에 발을 딛고 현실을 살아가려는 이유

크리에이터들은 디지털 미디어라는 가상의 세계에서 활동하느라 현실감각을 잃기 쉽다. 실제로 내가 아는 대다수의 크리에이터가 '어른아이'다. 어릴 때부터 시작하는 경우가 많고 사회생활 경험이 별로 없어서 일상생활을 하는 데 필요한 기본적인 일도 버거워한다. 공과금을 어떻게 내는지 모르는 사람도, 은행 업무나 세금 관련 문제에 문외한인 사람도 많다.

나 또한 그랬기 때문에 회사를 만들면서 그런 일을 도와줄 수 있는 프로그램을 고안했다. 세금 문제 처리를 대행해주는 서비스처럼 실생활에 도움을 주는 프로그램을 만들었고, 전속 크리에이터들에게 심리상담 프로그램과 건강검진을 지원한다.

그렇지만 일상을 살아가려는 스스로의 노력이 가장 중요하다. 가상세계에 갇혀 붕 뜬 채로가 아니라 땅에 발을 딛고 현실을 살아가야 한다. 이따금 게임 크리에이터가 되고 싶어 학교를 그만두겠다는 친구들이 있다. 그러나 게임만 잘한다고 게임 크리에이터가 되는 것이 아니다.

크리에이터는 콘텐츠를 매개로 다른 사람들과 소통하고 자신을 드러내는 일을 한다. 그러려면 내가 가진 경험치가 풍부해야 그것을 바탕으로 다른 사람들의 이야기에든 감정에든 공감할 수 있다. 다양한 경험을 통해 노하우를 축적해야 하는데, 그것은 평범한 일상에서 학습된다. 학교를 다니면서 또는 사회생활을 하면서 얻는 것이다.

오로지 게임만 잘한다면 프로 게이머는 될 수 있을지 몰라도 콘텐츠 만드는 일을 하기는 쉽지 않다. 그래서 학교도 열심히 다니고 사회도 두루 경험하는 게 중요하다. 나도 스물여덟 살까지 평범한 학생으로 공부하고 아르바이트하고 여러 사람과 관계를 맺으며 지낸 경험이 크리에이터로 살아가는 데 큰 도움이 되었다.

초등학생 정도의 어린 친구들이 "어떻게 하면 크리에이터가 될 수 있나요?"라고 자주 묻는다. 그때마다 내가 "짝꿍과 사이좋게 지내세요"라고 대답하는 것도 같은 맥락이다. 실제로 사회생활을 꽤 잘하고 인간관계가 원만한 사람들이 구독자나 팬들과의 관계 맺기도 잘한다. 그래야만 유튜브 채널의 성공이 가능하고 많은 사람에게 사랑받을 수 있다.

물론 남다른 재능으로 특별하고 재미있는 콘텐츠를 만들어서 몇 번의 소통 없이도 성공한 경우도 있다. 하지만 그런 경우는 우리가 어떻게 설명할 수 없는 재능의 영역이므로 논외로 하자. 일반적으로 하나하나 일구어 성공하려면 일상의 경험을 소중히 여겨야 한다.

5.
시작하기에
완벽한 때란 없다

요즘에는 유튜브를 시작하기 전에 장비부터 갖추고 싶어 하는 사람이 많다. 물론 여유가 있어서 훌륭한 장비를 갖추면 좋겠지만, 거기에 연연해야 할 만큼 장비가 중요한 조건은 아니다. 세련된 영상을 보고 싶다면 영화나 텔레비전, 넷플릭스 등의 선택지가 얼마든지 있다. 유튜브를 찾는 사람은 고품질의 영상만큼이나 친근함이 주는 감성을 좋아할 확률이 높다. 특히나 게임 콘텐츠 같은 경우에는 실사 콘텐츠라 해도 스마트폰 카메라로 제작이 가능하다.

그렇기에 장비를 고민할 시간에 콘텐츠에 더 충실하라

고 말하고 싶다. 자신만의 아이템과 방식으로 충실한 콘텐츠를 만드는 사람에게 장비는 부차적인 문제일 뿐이다. 내용이 좋으면 기술적으로 미흡한 영상이라도 보는 사람이 있지만, 내용이 충실하지 않은데 영상이 근사하다고 구독하는 사람은 거의 없다.

장비뿐 아니라 모든 것을 완벽하게 준비한 다음에 유튜브를 시작하겠다는 사람도 있다. 채널 아이콘, 채널 아트, 캐릭터까지 전부 갖춘 상태에서 시작하고 싶은데 무엇부터 해야 할지 모르겠다는 것이다. 하지만 그러다가는 시작도 못 한다. 다 갖추고 시작하기란 너무 어려우며, 그렇게 하는 사람도 없다. 일단 시작하는 거다. 경험하면서 깨닫고, 그러면서 발전한다.

지금 시작하면 늦지만 나중에 시작하면 더 늦다

요즘에는 연예인처럼 인지도가 높은 사람들까지 유튜브에 뛰어들면서 경쟁이 점점 치열해지고 있다. 그러니 평범한 사람이 아무것도 없는 상태에서 시작하려면 막막한 기분이 드는 것이 당연하다. 어찌 보면 출발선부터 불공평하다고 여길 수 있다. 맞는 말이다.

그러나 바닥부터 시작한다는 일이 아무리 막막하다 해도, 기존의 레거시 미디어에 출연할 기회를 얻는 것보다는 유튜브 채널을 운영하는 편이 훨씬 쉽다. 이미 권력을 쥔 집단의 인정 없이도 채널을 열고 자신의 콘텐츠를 자유롭게 공개할 수 있다. 적어도 시도는 할 수 있는 것이다. 방송 출연 기회를 얻지 못해 시작조차 못 하는 것보다는 더 큰 기회가 열려 있다고 생각한다.

유튜브가 레드오션이 되어버려 지금 시작하기엔 너무 늦었다고 말하는 사람도 있다. 그러나 '하늘 아래 새로운 것은 없다'라는 말이 있다. 이미 있는 것을 나만의 방식으로 재해석하고 전달하는 것이 중요하다.

시작하고 안 하고는 차이가 크다. 영상을 업로드해보고 하나의 댓글이라도 달린 것을 경험하면 점점 발전할 수 있기 때문이다. 재능이 특출해서 무슨 말을 해도 사람들이 봐주는 차원이 아니라면 어쨌든 노력이 필요하다. 노력과 시간을 투자하는 과정을 거치면서 채널의 정체성이 확립되어간다.

그러니 하기로 마음먹었다면 도전해보자. 손해 볼 일은 없다. 장비 욕심을 부리지 않으면 자본금도 들지 않으며, 시간과 노력 같은 기회비용을 감수할 수 있으면 언제든지 시작할 수 있다. 어떤 도전에든 포기해야 할 것은 있게 마련이다. 도전에 보험을 든다면 그건 도전이 아니라 테스트다. 별다른 성과 없이 끝난다 해도 쓸데없는 일이 아니다. 그런 경험도 분명 내 삶에 플러스가 될 것이다.

지금 시작한다는 게 늦은 감이 있다고 생각할 수 있지만 나중에 시작하면 더 늦다. 10년 뒤에 '그때라도 시작할걸!' 하고 후회할지 모른다. 하고 싶은 콘텐츠가 있다면 이런저런 부차적인 이유 때문에 어영부영 시간만 보내지 않았으면 좋겠다. 철저한 준비가 나쁜 것은 아니지만, 완벽하게 계획하고 갖춘 뒤에 시작하겠다는 생각은 현명하지 않다.

하루가 멀다 하고 급격하게 변화하는 세상이다. 준비

하는 사이에 트렌드가 바뀌어 있을지도 모른다. 그러므로 완벽을 꿈꾸며 출발을 미루기보다는 가벼운 마음으로 시작해서 꾸준히 이어가는 편이 낫다.

투잡 또는 N잡으로서의 유튜버

예전에는 직업을 단 하나라고 여겼다면, 이제는 투잡을 넘어 'N잡러'라는 신조어까지 등장할 정도로 한 사람이 여러 직업에 종사할 수 있다. 이처럼 여러 직업을 가지려는 데에는 경제적인 이유도 있지만 자아를 다방면으로 실현하고자 하는 욕구가 크게 작용한다. 이런 직업관의 변화에 발맞춰 시간에 크게 구애받지 않고 특별한 자격 없이 혼자서도 할 수 있는 유튜버가 각광받는다.

크리에이터도 하나의 직업이라는 인식이 자리 잡고 유튜브 문화가 형성되면서 다른 직업이 있어도 크리에이터로 도전하는 사람들이 늘고 있다. 취미로 영상을 제작하던 자연발생적 크리에이터와 달리 최근에는 직업형 크리

모든 것을 완벽하게 준비한 다음에
유튜브를 개설하겠다는 사람들이 있다.
하지만 그러다가는 시작조차 못 한다.

지금 시작한다는 게 늦은 감이 있다고 생각할 수 있지만
나중에 시작하면 더 늦다.
10년 뒤에 '그때라도 시작할걸!' 하고 후회할지 모른다.
하고 싶은 콘텐츠가 있다면
어영부영 시간만 보내지 말았으면 좋겠다.
일단 시작하는 거다.
경험하면서 깨닫고, 그러면서 발전한다.

에이터가 늘었다. 하지만 이들은 뚜렷한 목적이 있기 때문에 초반에 조회수나 광고 수익이 없으면 다시 본업으로 돌아간다.

유튜브는 구글 계정만 만들면 누구나 콘텐츠를 오픈할 수 있어서 진입장벽이 낮다. 그런데 실은 다른 진입장벽이 있다. 나를 드러내야 하는 심리적 진입장벽, 콘텐츠를 만드는 데 필요한 여러 스킬을 익혀야 하는 진입장벽 또는 주변의 만류라는 진입장벽이다. 유튜브를 시작함으로써 포기해야 하는 것이 늘어날 수도 있다. 또한 누구에게나 열려 있다는 것은 누구나 경쟁자가 된다는 뜻이기도 하다. 유튜브 세상에서 웬만큼 자리 잡고 성공하려면 어쨌든 남들과 다른 특별함이 필요한데, 그 특별함을 일찌감치 발견하는 사람이 있는가 하면 그러기까지 오래 걸리는 사람도 있다.

그러므로 본업이 따로 있다면 자신의 리소스를 어떻게 배분할 것인지가 중요한 문제다. 유튜브에서 수익을 창출해 본업으로 삼으려는 사람은 유튜브에 힘을 더 쏟아부어야 하고, 본업은 따로 있지만 취미를 영상화하거나 콘텐츠로 만들고 싶은 사람은 본업에 피해가 가지 않는 선에서 밸런스를 잘 유지해야 한다.

투잡으로 시작해 전업 크리에이터가 된 대표적인 예로 경제·금융 주제의 채널을 운영하는 슈카 님이 있다. '슈카월드'라는 채널은 지금 대한민국에서 가장 핫한 채널 중 하나다. 슈카 님은 증권 트레이더로 일하다가 친구의 영향을 받아 유튜브를 시작했다. 재미가 붙어서 열심히 하던 중 유튜브를 병행하는 것에 대한 회사 측의 부정적인 피드백을 받고 전업을 결심했다. 지금은 누구보다 즐겁게 성공적으로 채널을 운영하고 있다.

결국 자기가 어느 쪽에 재능이 있는지, 동시에 무엇이 더 즐거운지 정확하게 파악하는 것이 중요하다. 물론 나는 재미있지만 다른 사람들도 내 콘텐츠를 재미있어하는지는 또 다른 문제다. 이런 점까지 고려해 현실적으로 생활을 꾸려갈 수 있고 콘텐츠에 재투자를 할 만한 수익이 창출된다면 충분히 본업으로 도전할 만하다.

크리에이터가 되기로 했다면 필요한 마음가짐

유튜브를 시작하면 앞서 말한 일련의 과정들을 겪어야 한다. 이러한 과정을 차근차근 밟아갈 각오와 지구력, 지속 가능한 콘텐츠를 갖추었는지 반드시 점검해야 한다. 언뜻 쉬워 보여서 핫한 아이템으로 시작하면 초반에는 운이 좋아 잘될 수 있지만 오래가는 채널이 되기는 힘들 것이다.

단순히 연예인이나 유명인이 되고 싶어서 유튜브를 시작하는 사람이 꽤 있다. 또는 유튜브를 발판 삼아 방송을 더 많이 할 수 있으리라는 기대로 시작하는 연예인도 있다. 그러나 유튜브에만 목숨 걸고 집중하는 크리에이터들이 많은 상황에서, 유튜브를 단순히 수단으로만 생각한다면 과연 얼마나 성장할 수 있을지 의문이다. 크리에이터의 목적이 다른 곳에 있다는 사실을 시청자들은 기가 막히게 알아차린다.

본업에 충실하면서 내 히스토리를 남기고 싶다거나 취미로 하고 싶은 사람에게는 적극 권장한다. 그런 사람에게는 상대적으로 어렵지 않으며, 오히려 단조로운 일상에

활기를 불어넣는 이벤트가 될 수 있다. 예컨대 너무 어렵게 생각하지 않고 추억을 담아놓는 영상앨범을 만든다는 기분으로 하면 좋은 취미생활이 될 수 있는 것이다. 만약 아이가 유튜브 채널을 꿈꾼다면 가족끼리 함께 만들어가면서 관계가 돈독해지고 아이에게 특별한 추억을 만들어줄 수도 있다. 혹시 아는가? 재미로 시작한 일에 나도 모르는 사이 팬들이 불어나고, 생각지도 못한 자신의 재능을 발견할지.

물론 절박함은 때로 큰 무기와 원동력이 될 수 있지만, 절박함의 크기만큼 절망할 수도 있다. 당장 먹고살기 힘든 형편에서는 여유로운 마음으로 즐기면서 콘텐츠를 만들기가 어렵다. 절박할수록 큰 수익을 노리고 무리수를 두거나 스스로를 궁지로 몰아넣을 가능성이 크다. 그러므로 지금 도전해볼 만한 상황이라면, 소박한 목표를 세우고 시작하기를 권한다.

유튜브는 어떻게 활용하느냐에 따라 득이 되기도 하고 독이 되기도 하는 매체다. 지레 겁먹고 포기하는 것도 어리석지만 장밋빛 미래만을 꿈꾸는 것도 위험하다. 어떤 방식이든 자신에게 행복을 1그램이라도 더하는 방향으로 유튜브를 활용했으면 한다.

정년 없는 직업, 크리에이터

예전에 소비하던 게임 콘텐츠는 주로 e스포츠였다. 게임을 잘하는 프로의 세상을 보면서 리그를 소비하고 대리만족할 수 있었다. 그러다 개인방송의 시대로 접어든 뒤로는 게임이라는 세상 안에서 진행자나 크루들이 마치 디지털 예능을 하듯 콘텐츠를 만들었다. 또한 게임 장르가 고도화한 덕분에, 마인크래프트 같은 경우에는 게임 속에서 나만의 세상을 창조할 수 있다. 나아가 게임을 플레이하는 것뿐만 아니라 관전하는 것이 하나의 문화 콘텐츠가 됐는데, 이런 현상은 앞으로 더욱 가속화할 것이다. 게임 속에서 표현할 수 있는 게 현실에서보다 풍부하기 때문이다.

미국 TBS의 유명 토크 프로그램인 〈코넌 쇼〉 진행자이자 코미디언인 코넌 오브라이언은 '클루리스 게이머(노답 게이머)'라는 콘텐츠로 엄청난 사랑을 받았다. 클루리스 게이머는 코넌이 재미있는 게임이나 출시되지 않은 게임을 플레이해보는 코너다. 2016년에는 우리나라의 PC방을 찾아 이 코너를 진행해서 화제를 모았다. 이처럼 게임이 실사와 결합되어 색다르게 시도되고 있다. 뿐만 아니라 레거시 미디어에서도 게임을 소재로 한 콘텐츠를 다양한 방식으로 시도할 수 있으리라고 본다.

디지털 미디어에 한계란 없으며 크리에이터에게 정년은 없다. 환갑잔치를 유튜브에서 할 수도 있고, 어느 크리에이터의 말처럼 관 뚜껑을 닫는 순간까지 방송을 할 수도 있다. 의지와 열정만 있으면 '언제든' 업로드할 수 있으므로 '언제까지'라는 말은 무의미하다. 나를 표현하고 내 존재 의미를 찾고 싶은 사람에게 유튜브는 언제든 아주 훌륭한 장이 되어줄 것이다.

PART 4

0에서 시작해
앞으로 나아가는 사람

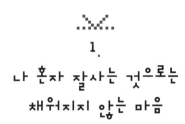

1.
나 혼자 잘사는 것으로는
채워지지 않는 마음

사실 샌드박스를 창업할 무렵에 나는 크리에이터 활동으로 이미 남부럽지 않게 돈을 벌고 있었다. 그런데 알지도 못하는 창업을 하겠다고 나선 이유는 나 혼자 잘사는 것으로는 채워지지 않는 뭔가가 있었기 때문이다.

지금은 사회적 인식이 많이 바뀌어서 크리에이터도 어엿한 직업으로 존중받지만, 내가 유튜브를 시작한 2013년 무렵에는 유튜버가 직업으로 인정받으리라고 예상한 사람이 별로 없었다. 친구들이 요즘 무슨 일 하느냐고 물어서 유튜브 한다고 대답하면, 그런 거 말고 일은 뭐 하느냐고 되묻곤 했다. 무시해서가 아니라 이해도가 떨어졌기 때문이다. 유튜브를 한다고 하면 단순히 취미라고만 생각한 것이다. 또한 이른바 '인터넷방송 하는 사람'을 바라보는 부정적 시각도 만만치 않았다.

내가 하는 일을 양지로 끌어올리고 건강한 생태계를 만들고 싶다는 생각을 처음부터 줄곧 해왔다. 내가 직업인으로서 존중받고 싶다면 같은 일을 하는 다른 사람들도 존중받아야 하고, 내 직업과 산업도 존중받아야 하기 때문이다. 그러기 위해서는 반듯한 모양새와 긍정적인 문화를 만드는 게 중요하다고 판단했다.

그 일을 나 혼자 하기보다는 뜻이 맞는 크리에이터들과 함께 부가가치를 만들어내고 소속감까지 느끼면 더없이 좋을 듯했다. 여러 채널이 모이면 내 채널만 운영할 때보다는 비즈니스의 가능성과 가치가 훨씬 높아진다는 점을 깨달았고, 그래서 함께 문화를 만들어가고 싶었다. 나의 그런 바람은 회사라는 형태를 통해 실현할 수 있지 않을까 생각했다.

그렇게 해서 회사를 만들었지만 처음에는 유튜브와 크

리에이터를 바라보는 편견 때문에 운영이 쉽지 않았다. 크리에이터들과 브랜드의 협업 비즈니스를 추진하면 "그냥 유튜브에 올리면 되는 거니까 편당 10만 원씩 하자"고 후려치거나 무시하기 일쑤였다. 유튜브의 매체력이 과소평가되고 크리에이터가 제대로 평가받지 못하던 시기였다. 그래서 끊임없이 크리에이터의 콘텐츠가 얼마나 가치 있는지, 얼마나 사람을 모으는 힘이 있는지, 설명하고 설득해야 했다.

힘들긴 했지만 그런 과정을 겪으며 노하우가 쌓인 측면이 있다. 그리고 우리의 확신이 현실이 되기까지는 그리 오랜 시간이 걸리지 않았다.

크리에이터에 의한, 크리에이터를 위한, 크리에이터의 회사

샌드박스는 크리에이터가 창업한 MCN이다. 그렇기 때문에 크리에이터의 마음과 생리를 가장 잘 아는 MCN 기업이라고 자부한다. 이것이 샌드박스의 슬로건이며 특장

내가 유튜브를 시작한 2013년 무렵에는
유튜버가 직업이라고 생각하는 사람이 거의 없었다.
친구들이 요즘 무슨 일 하느냐고 물어서
유튜브 한다고 대답하면,
그런 거 말고 일은 뭐 하느냐고 되묻곤 했다.
무시해서가 아니라 이해도가 낮았기 때문이다.

내가 하는 일을 양지로 끌어올리고,
건강한 생태계를 만들고 싶다는 생각을 처음부터 줄곧 해왔다.
내가 직업인으로서 존중받고 싶다면
같은 일을 하는 다른 사람들도 존중받아야 하고
내 직업과 산업도 함께 존중받아야 하기 때문이다.

점이자 정체성이다. 크리에이터로 직접 활동하면서 필요하다고 느낀 부분을 제안하면 이필성 대표와 임직원들은 그 점에 동의해줬다. 그래서인지 샌드박스는 크리에이터가 실질적으로 어떤 점을 힘들어하는지, 그들을 어떻게 도와주는 게 좋은지에 대한 이해도가 높다.

이런 동의와 이해를 바탕으로 우리 회사는 전담 매니저가 소속 크리에이터들의 활동을 지원해준다. 샌드박스는 크리에이터 한 명당 스태프 수가 가장 많은 회사이기도 하다. 인력풀 중에서 가장 큰 조직이 크리에이터 파트너십팀인데, 이 팀은 크리에이터들을 매니지먼트하고 사소한 부분까지 챙겨준다. 예컨대 학업을 마치지 못한 크리에이터가 있으면 업무와의 밸런스 조절을 도와준다. 무엇보다 콘텐츠를 꾸준히 업로드할 수 있는 용기를 주는 것이 가장 중요했다.

나는 사내에서 오리지널 콘텐츠를 기획하거나 방향성을 고민하는 크리에이터가 상담을 원할 때, 크리에이터들끼리 컬래버레이션 작업을 할 때 등 콘텐츠와 관련된 일에 필요하면 적극 참여한다. 어느 채널에 출연자가 필요하면 탤런트로 참여하고, 또 어느 채널에 컨설팅이 필요하면 컨설팅 회의에 참여한다. 우리가 직접 소유하고 제작하는 채널과 관련해서 의견을 내기도 한다.

우리 회사에서 함께하는 파트너들은 모두 프로다. 취미가 아니라 직업으로 이 길을 선택해 프로페셔널하게 활동하는 그들이 최고의 컨디션과 멘탈을 유지하도록 최선을 다해 지원하려고 노력한다. 그래서 크리에이터들에게 가장 완벽한 회사가 되기를 언제나 희망한다.

구독자 수보다 중요한 크리에이터 영입 조건

"샌드박스에 들어가셨군요. 축하해요!"

크리에이터 스스로가 샌드박스와 계약한 사실을 자랑스럽게 여기고 팬들 또한 축하해주는 댓글을 보면 정말 뿌듯하다. 이처럼 크리에이터들이 샌드박스를 선호하는 이유는 크리에이터가 만들고 크리에이터의 마음을 가장 잘 알아주는 회사이기 때문일 것이다.

크리에이터들이 샌드박스를 선호하는 여러 요인 중 하나는 유튜브가 인증한 MCN이라는 사실이다. 유튜브가 인증한 MCN 기업에는 CMS(콘텐츠 관리 시스템)라는 툴이 제공된다. 이 툴은 우리가 가진 채널을 관리할 수 있고 '콘텐츠 아이디'라는 시스템을 활용해 저작권까지 지킬 수 있는 아주 막대한 권한이다.

쉽게 말해 이것은 유튜브 안에서 '이건 우리 저작권이다'라고 주장할 수 있는 권리이기 때문에 악용되면 위험하다. 예를 들어 어떤 가수의 연주곡을 실수로 우리 콘텐츠 아이디에 입력하면 그 음원이 들어간 모든 영상물의 저작권료가 우리에게 들어올 수도 있는 것이다. 그런 위험성 때문에 구글에서 함부로 허가하지 않는 기능이다. 그렇기에 크리에이터들 입장에서는 자신의 콘텐츠에 대한 저작권을 보호받을 수 있다는 점에서 샌드박스를 선호하는 것이다.

샌드박스는 크리에이터 파트너십의 신념과 기준에 따라

크리에이터를 영입한다. 우리와 뜻이 맞지 않으면 아무리 채널이 크고 조회수가 많아도 영입하지 않는다. 반면 구독자가 없고 조회수가 1000이 안 되는 채널을 영입하기도 한다. 재능이 뛰어나고 좋은 채널이라면 가능성을 보고 얼마든지 함께 일할 수 있다.

우리의 기준은 우선 크리에이터가 콘텐츠에 프로페셔널한 열정이 있는지 여부다. 대체 불가능한 재능이 있는지, 채널 운영에 진정성이 있는지도 중요한 조건이다.

이제는 내 채널 하나만 생각해선 안 된다. 소속 파트너들과 채널들이 더불어 성장하게끔 다 같이 애써야 한다. 그런 까닭에 신경 쓸 일이 많아졌지만 더욱더 든든하고 힘이 난다. 때로는 특별히 무얼 하지 않아도 함께한다는 것 자체가 큰 위안이 된다. 나 혼자만의 왕국에 갇혀 있었다면 절대 느끼지 못했을 감정이고 전혀 몰랐을 행복이다.

2.
비전을
공유한다는 것

창업하기 전까지는 모든 일을 혼자 했는데, 회사를 세우고 팀이 생기면서 내가 하는 일이 줄었다. 편집도 담당자가 따로 있어서 내 리소스를 다른 부분에 쓸 수 있게 됐다. 그런 점은 좋지만, 여러 사람이 모여 일하는 게 회사이다 보니 서로 마음을 맞춰나가는 과정이 항상 어렵다. 모든 사람들이 내 마음 같지는 않기 때문에 조율하는 시간을 충분히 마련해야 하고, 다른 팀원들의 상황을 이해하는 것도 중요하다.

무엇보다 중요한 것은 비전을 전달하는 것이다. 내가 생각하는 좋은 회사란 일하면서 많은 것을 배울 수 있고,

구성원들이 회사의 비전에 공감하며 큰 그림을 같이 그려 나가는 회사다. 사실 크리에이터와 일하는 스태프들은 회사의 비전을 느끼기 힘들 수 있다. 그날그날 해야 할 일을 처리하기 바쁘며, 그 채널을 운영하는 한 사람의 크리에이터에게 소속된 느낌을 받을 수도 있다. 그래서 샌드박스는 크리에이터를 도와주는 스태프를 샌드박스의 정직원으로 채용하기도 한다. 샌드박스에 소속감을 느끼면서 비전을 공유하고 함께 미래를 그리는 것이 서로에게 바람직하기 때문이다.

대부분의 MCN 기업은 크리에이터가 개인사업자로 편집자를 고용하는 형태를 취한다. 그러나 우리 회사는 어느 정도 규모가 성장한 채널의 경우, 또는 채널의 발전 가능성을 확신하게 된 경우, 회사와의 특별한 계약을 통해 스태프가 샌드박스에 소속된 직원이면서 동시에 그 채널의 프로덕션팀이 또 하나의 주체가 되게 했다.

이런 형태는 크리에이터에게도 도움이 된다. 스태프가 크리에이터 개인에게 묶여 있으면 처음에는 재미있을지 몰라도 점점 불안에 빠진다. 이 사람을 믿고 일을 계속해도 될지, 이 일을 스펙의 종착역으로 삼아도 괜찮을지 고민하게 되며 실제로 이탈률이 매우 높다. 그런데 샌드박스의 정직원 채용 방침은 그런 지점을 많이 해소해줄 수 있었다. 크리에이터도 함께 일하는 스태프를 회사에서 채용하니 훨씬 안정적이고 장기적으로 일할 수 있다.

같은 미래를 향해 함께 달려가는 사이

회사를 창업한 뒤 새로운 일에 도전하고 그 일이 자리 잡아 성과가 날 때도 기쁘지만 사람이라는 자산이 쌓일 때 더욱 기쁘고 뿌듯하다. "나중에 꼭 샌드박스에서 일하고 싶어요"라고 말하는 친구들도 많다. 샌드박스에서 원하는 인재상은 한마디로 '디지털 미디어 콘텐츠를 보다가 지하철역 한두 개 정도는 지나쳐본 적이 있는 사람'이다. 그만큼 콘텐츠를 사랑하고 크리에이터를 존중하고 이해하며 젊은 감성을 지니고 있어야 한다. 크리에이터와 콘텐츠를 아끼고 그 가치를 이해하는 사람이라면 누구나 도전할 수 있다.

회사가 커지면서 뛰어난 인재들이 많이 합류했다. 팀원이 훌륭한 분들로 채워질 때 창업자는 '우리 회사가 사람들에게 비전을 주는 회사로 성장했구나. 이렇게 훌륭한 인재들이 최선의 선택으로 우리 회사를 택했어' 하는 생각에 가슴이 벅차오른다.

스타트업은 자기 스스로 의사를 결정할 수 있는 폭이 넓고 회사를 함께 키워나간다는 장점이 있다. 본래 하던 일을 더 잘하는 게 아니라 새로운 비즈니스를 만들고 함께 논의하며 도전한다. 내로라하는 기업에서 일했고 일할 수 있는 분들이 스타트업을 선택하는 이유가 바로 이런 점 때문일 것이다.

그래서 스타트업에 합류하는 인재들 중에는 새로운 일을 스스로 만들고 싶어 하는 사람이 대부분이다. 다른 회사들보다 훨씬 많은 부분에서 의사결정을 내릴 수 있으니 일을 만들고 성취하는 즐거움이 크다.

유능한 인재들이 우리 회사를 선택한 만큼 그들의 기대를 충족시켜야 한다는 책임감을 느낀다. 시장을 선도하는 역할을 해서 회사 구성원들에게 보답하고 싶다. 사실 이 점에서는 나보다 이필성 대표의 역량이 크게 작용한다. 이필성 대표는 전 직원의 연봉 협상을 직접 담당할 만큼 구성원들에게 감사하는 마음과 애정이 크다.

　샌드박스 직원들은 평균 나이가 29세로 젊은 편인데, 젊은 층에게는 회사를 얼마나 신뢰할 수 있는지가 중요한 동기를 부여한다. 회사를 투명하게 운영하고 앞으로 더욱 더 성장할 것이라는 신뢰를 주기 위해 애쓰는 이유다. 그래야만 모든 구성원이 같은 미래를 보며 함께 달려나갈 수 있을 것이다. 샌드박스와 더불어 구성원들 각자의 삶도 나날이 풍요로워지고 행복해졌으면 한다.

선택을 기다리기보다 스스로를 고용하라

모든 스타트업은 시행착오를 겪게 마련이다. 물론 우리도 시행착오를 겪었다. 그러나 순조롭게 운영될 때건 난관에 모든 스타트업은 시행착오를 겪게 마련이다.

물론 우리도 시행착오를 겪었다.

그러나 순조롭게 운영될 때건 난관에 부딪혔을 때건

가장 중요한 것은 창업자의 마인드다.

창업자가 비즈니스에 확실한 애정과 비전을 지녀야 한다.

창업자 스스로 확신이 없으면 어떤 구성원도 설득할 수 없다.

부딪혔을 때건 가장 중요한 것은 창업자의 마인드다. 창업자가 비즈니스에 확실한 애정과 비전을 지녀야 한다. 창업자 스스로 확신이 없으면 어떤 구성원도 설득할 수 없다.

그런데 CEO가 되고 싶어서 창업하거나 단순히 사업을 하고 싶어서 창업하는 사람도 있다. 또는 투자를 받고 싶어서 창업하는 사람도 있다. 하지만 지금까지 확실한 핵심 아이템과 소신, 자신의 일에 대한 애정 없이 성공하는 스타트업은 본 적이 없다.

투자를 너무 쉽게 생각하는 사람도 있다. 투자금이니까 빚이 아니라고 여기는 것이다. 이것은 정말 무책임한 생각이다. 투자금을 내 돈처럼 여기고 투자자가 투자한 이상을 회수할 수 있게끔 플랜을 짜는 것도 아주 중요한 과제다. 무거운 책임감과 사명감이 필요한 것이다. 절실하게 필요한 사람들한테 돌아가야 하는 국가지원금을 끌어다가 쉽게 사업하려는 사람도 있는데, 이런 경우는 그야말로 국가적 손실 아닐까. 요행수를 바라지 말고 열정과 꿈을 품고서 창업했으면 좋겠다.

이제 무엇을 하든 세계무대를 바라볼 수 있는 시대다. 내가 만든 서비스가 전 세계 사람들의 삶을 바꿀 수도 있고 제2의 페이스북, 구글 같은 기업이 대한민국에서 탄생할 수 있다. 그런 세계적인 기업들도 스타트업에서 시작하지 않았는가.

여느 때보다 취업난이 심해서 고군분투하는 청년들이 많을 것이다. 그런데 한편으로는 지금이 과거 어느 때보다 기회가 많은 시기인지도 모른다. 나의 경우 회사에서 나를 선택해주기를 기다리기보다 새로운 길을 개척하기로 마음먹었고, 결국은 회사를 만들어 나를 고용할 수 있었다. 시야를 넓혀 세상을 바라보라. 그리고 스스로를 돌아보라. 내가 미처 알아채지 못한 또 다른 기회와 미래가 열릴지도 모른다.

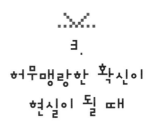

3.

허무맹랑한 확신이
현실이 될 때

VOD 플랫폼이자 검색엔진이자 SNS이자 커뮤니티인 유튜브는 뜨고 지는 여느 SNS와 달리 하나의 미디어가 되었다. 엔터테인먼트의 역사는 인류의 역사와 거의 동일하다. 미디어가 없을 때도 사람들은 소리나 몸짓을 이용해 다른 사람에게 이야기를 들려주었다. 그것은 정보를 전달하려는 목적도 있었겠지만 일종의 오락이었다. 스토리텔링, 음악, 춤 등은 영화와 라디오, 텔레비전의 탄생으로 이어졌다. 그리고 지금은 거의 모든 이들이 저마다의 손에 미디어를 들고 다닌다.

내가 원할 때 원하는 콘텐츠를 볼 수 있는 유튜브는 새로운 시대의 미디어다. 앞으로 예전처럼 모든 과정을 혼자서 다 처리하는 1인 미디어가 여전히 많겠지만, 1인 미디어 단계에서 팀을 구성하는 데까지 걸리는 시간은 훨씬 단축될 것이다. 예를 들어 이전에는 구독자가 5만 명은 되어야 편집자 1명을 고용할 수 있었다면 앞으로는 구독자가 만 명만 되어도 편집자를 고용할 수 있는 시대가 올 것이다. 디지털 미디어의 광고 단가가 높아지고 크리에이터가 조회수 1회당 벌어들이는 수익이 많아졌기 때문이다. 편집자 한 사람을 고용하고 내 생활을 꾸려가는 데 필요한 수익이 발생할 때까지의 트래픽이 훨씬 단축되는 것이다.

이런 이유에서 팀 단위로 협업해나가는 채널이 점점 더 많아질 것이며, 그것은 일자리 창출로도 이어질 것이다. 꼭 크리에이터가 아니더라도 크리에이터의 스태프를 꿈꿀 수도 있다. 이를테면 크리에이터의 섬네일을 전문으로 제작하는 사람, 콘텐츠 전문 프리랜서 편집자 또는 고용된 형태의 편집자도 있다. 채널 운영 전반을 매니지먼트하는 사람도 생겨나고 있다. 이처럼 유튜브 산업 전체의 성장에 발맞춰 우리 같은 MCN도 할 일이 많아졌다.

가능성은 언제나 우리의 예상보다 크게 팽창한다

크리에이터 생태계는 MCN을 빼놓고 말할 수가 없다. 크리에이터가 지니는 탤런트로서의 가치가 점점 커질 것이고, 그에 따라 MCN 또한 고도화할 것이다. MCN 회사의 본질은 크리에이터 매니지먼트이지만, 매니지먼트를 토대로 시너지를 낼 수 있는 다양한 체계가 더해지고 있다. 현재 샌드박스에서는 O&O(Owned & Operated: 채널을 직접 소유하고 운영하는 형태)의 비중이 더 커졌고, 연예인이나 기획사에 디지털 콘텐츠 제작 노하우와 기반을 제공하는 비즈니스 모델도 생겼다.

그동안 우리가 축적한 노하우와 가치에 동의하는 크리에이터는 꾸준히 늘어나리라고 예상한다. 그렇게 되면 더 많은 트래픽, 더 강한 매체력이 창출되고, 그것은 곧 더 큰 비즈니스 가치가 될 것이다.

샌드박스에는 크리에이터 파트너십팀, 직접 광고 세일즈팀, 프로덕션팀이 있다. 방송국과 엔터테인먼트사, 광고 대행사 역할도 한다. 커머스 같은 경우에는 우리가 유통하기도 하므로 커머스 회사 역할까지 할 수 있다. 문어발식으로 이것저것 손대는 것이 아니라 하나의 본질 안에서 곁가지로 뻗어나가는 일들이어서 비즈니스로 만들 여지가 무척 많다.

이런 일들을 크리에이터를 중심으로 잘 만들어내는 것은 샌드박스만이 할 수 있다고 감히 확신한다. 크리에이터의 매체력을 확보하지 못한 회사는 이 모든 일을 스스로 해낼 수 없기 때문이다. 기존 엔터테인먼트사는 탤런트를 보유하고 있지만 전파권력이 없기 때문에 방송국에서 출연시켜주지 않으면 탤런트를 보유했다는 게 큰 의미가 없다. 그러나 크리에이터는 스스로 채널을 만들 수 있고 자기 자신이 매체가 된다. 그 어떤 전파권력에서도 자유롭기 때문에 자신의 매체력을 온전히 비즈니스로 만들 수 있다. 샌드박스는 이런 크리에이터들을 매니지먼트하는 회사이기에 직접 실행할 수 있는 비즈니스가 보다 많다.

코로나19로 인해 '언택트 시대'가 도래했다고 말한다. 현

상황은 안타깝고 슬프지만, 더는 코로나19 이전 시대로 돌아가기는 힘들 것이다. 우리는 달라진 세상을 살아가야 하고 분명 빠르게 적응할 것이다.

사람들이 여가를 선용하는 방식이 비대면으로 바뀌면서 집 안에서 콘텐츠를 소비하는 시간이 급격히 늘었다. 그 결과, 샌드박스 또한 창사 이래 최대 트래픽이 발생했다. 하지만 동시에 콘텐츠를 기획하고 제작하는 단계에서 제약이 많아졌다. 야외 촬영을 줄이고 오프라인에서 협업하거나 행사를 하는 것도 어려워졌다.

그렇다면 이런 상황에서 사람들이 소비할 콘텐츠는 무엇일까? 앞으로 어떤 콘텐츠를 얼마만큼 소비할까? 새롭게 유입되는 시청자는 누구일까? 새로운 성공의 기회는 어떤 모습을 하고 있을까? 디지털 콘텐츠에 대한 소비가 커진 것을 기뻐하는 데 그치는 게 아니라 더 좋은 콘텐츠로 그 관심을 이어가는 것이 중요하다.

샌드박스를 보는 다양한 시선과 평가가 있을 것이다. 다른 모든 스타트업이 그렇겠지만 샌드박스도 창립 이래 시

시각각 시행착오를 겪어오고 있다. 누군가가 보기에는 "일을 왜 그렇게 해"라고 할 수도 있지만 지나고 보면 우리의 선택들이 가장 빠르게 문제를 해결하는 방법이었다. 결국 정답은 없기 때문에 급변하는 시대에 우리가 가진 자원과 역량을 최대한 발휘하며 답을 탐색하는 것이다. 부딪히고 깨지며 더 나은 방법을 찾아가는 과정이라고 믿고 그 과정에서 겪는 시행착오는 감내해야 한다.

우리는 변화에 어떻게 적응할 것인가를 고민하는 것이 아니라 어떻게 하면 더 빠르게 변화할 수 있을까를 고민한다. 우리가 가장 잘할 수 있는 일이 지난달에는 A라고 판단했는데 이번 달에는 B가 될 수도 있다. 외부의 변화에 따라 내부의 아젠다나 조직을 계속해서 변화시켜나가고 있다. 무엇보다 바뀐 시스템이나 조직도를 빠르게 정비하고 구성원들도 다시 몰입할 수 있도록 만들어가는 것이 중요하다. 모두에게 쉽지 않은 일이지만 반드시 해야 할 일이다. 확실하게 말할 수 있는 것은 스스로 한계를 설정하지만 않으면 가능성은 언제나 우리 예상보다 더 크게 열려 있다는 사실이다.

더는 코로나19 이전 시대로 돌아가기는 힘들 것이다.

우리는 달라진 세상을 살아가야 하고

분명 빠르게 적응할 것이다.

이러한 상황에서 사람들이 소비할 콘텐츠는 무엇일까.

새로운 성공 기회는 어떤 모습을 하고 있을까.

샌드박스 타운을 꿈꾸며

투자 받으러 다니던 시절, 유명한 엔젤 투자사를 만난 적이 있다. 앞서 말한 적 있듯이 엔젤 투자는 신생 벤처기업이나 스타트업을 지원해주고 그 대가로 주식을 받는 투자 형태다. 그 회사에서 투자를 받으면 그 자체로 이슈가 될 만큼 유명한 곳이었는데, 그곳 투자자가 우리 회사에 관심이 있다고 해서 만났다.

그때 나는 이렇게 말했다.

"저는 크리에이터가 굉장한 사람들이 될 거라고 생각합니다. 디지털에만 머무르지 않고 오프라인에서도 팬덤을 모으며 확장할 수 있으리라고 봅니다."

호기롭게 말했지만 투자 유치에는 실패했다. 나중에 듣기로, 그 투자자에게는 내 말이 너무 뜬구름 잡는 이야기 같았다고 한다. '저 친구 허황된 꿈을 꾸는구먼' 이렇게 생각했다는 것이다.

그런데 그때 내가 한 말은 현실이 되었다. 크리에이터들의 오프라인 콘서트 티켓은 오픈하면 몇 분 만에 매진

되고, 굿즈 판매 서버도 터져버린다. 어느새 크리에이터들이 연예인 못지않은 셀럽이 된 것이다.

남들이 허무맹랑하다고 할지라도 나는 여전히 꿈을 꾼다. 샌드박스 타운을 만들면 어떨까. 서울 근교에 오픈 스튜디오를 차리고 사람들이 방문할 수 있게 만드는 것이다. 크리에이터들의 굿즈를 파는 숍과 콘셉트별로 실사 촬영을 할 수 있는 스튜디오, e스포츠 구단도 운영하고 있으니 게이밍 부스를 만들고 관련 행사를 열 수 있는 공간을 마련하고 싶다. 언젠가는.

그러려면 샌드박스 브랜드로 만들어진 콘텐츠가 더 많은 사람들에게 사랑받아야 한다. 앞으로 점점 더 많은 사람들이 디지털 콘텐츠 소비에 시간을 쓰게 될 텐데, 그 시간을 샌드박스의 콘텐츠가 채워줄 수 있었으면 한다. 그렇기에 콘텐츠 제작은 내가 꽂혔던 '문화를 만듭니다'라는 문구처럼 하나의 시대상을 만들고 사람들의 생활양식을 만들고 진짜 문화를 만드는 일이 아닐까. 그리고 그 중심에는 크리에이터들이 존재할 것이다.

4.
미디어를
넘나드는 도전

방송에 출연하자 부모님은 "우리 아들 TV에 나온다"며 좋아하셨다. 이제껏 내가 어떤 일을 하는지 잘 모르셨는데, 역시 방송의 힘은 대단하다.

팬들 중에는 섭섭해하는 친구들이 있었다. '나만의 작은 도티'이기를 바랐는데 모든 이들이 알게 되는 것 같아 섭섭함을 느꼈다는 것이다. 덕후였던 나는 그 마음 또한 이해한다. 함께 게임하던 옆집 형 같던 사람이 TV에 나오는 사람이 되면 왠지 모를 거리감을 느낄 수 있다.

유튜브를 할 때는 악플이 거의 없었는데 방송에 출연한 뒤로 포털사이트에서 악플을 보게 되었다. 연예면 댓글이 사라지기 전이었는데, 좋은 댓글도 많았지만 아무래도 나쁜 댓글이 더 눈에 들어왔다.

"인터넷방송 하는 B급 C급 애들이 왜 TV에까지 기어 나옴?"

비하당하는 것이 기분 좋은 일은 아니다. 하지만 한편으로는 그렇게 생각하는 사람들이 이해가 됐다. 크리에이터가 방송에 등장하는 것은 새로운 현상이기 때문이다. 예컨대 코미디언은 공채 오디션을 통해 대중 앞에 나설 수 있는 일종의 자격증을 받는다. 아이돌 가수들은 엔터테인먼트사에서 오랜 연습생 기간을 거친 끝에 데뷔한다. 다들 고생스러운 준비 과정을 거쳐야 신인으로 TV에 얼굴을 비칠 수 있고, 그렇기 때문에 사람들도 "저 사람은 연예인이야"라고 자연스럽게 받아들인다.

그러니 유튜버나 인터넷방송 하는 사람들은 쉽게 말해 우스워 보인다. '저까짓 것 나도 할 수 있겠는데?', '집구석에서 컴퓨터 켜고 방송하는 애들이 뭐 하러 연예인인 양 TV에까지 나와?' 이렇게 반응한다. 나와 별로 다를 것 없어 보이는 사람들이 단지 인터넷방송 좀 했다고 방송에 출연하는 상황이 받아들이기가 영 어색한 것이다.

뭐든 처음에는 낯설고, 그래서 반감도 생기게 마련이다. 솔직히 나 자신도 TV에 나오는 내가 낯설기만 하다. 연예인이 되고 싶다는 생각은 아예 해본 적이 없어서 더욱 그렇다. 그런데 악플을 마주하자 여러 복잡한 감정이 들었다. 그리고 시간이 지날수록 스트레스를 받기보다는 어떤 사명감이 고개를 들었다.

좋은 선례를 남기고 싶다는 사명감

유튜버가 레거시 미디어에서 인정받은 사례는 아직까지 없었다. 그렇다면 내가 열심히 해서 그런 케이스가 되어보자고 생각했다. 최선을 다해 노력해서 인정받으면 유튜버도 제법 괜찮은 탤런트라고 인정받을 수 있지 않을까? 그러면 다른 크리에이터들도 운신의 폭이 넓어지고, 크리에이터를 바라보는 부정적인 시각도 웬만큼 해소되지 않을까? 물론 나 혼자서 모든 부정적인 인식을 없애기는 힘들겠지만 시작이 될 수는 있을 것이다. 그런 사명감으로 방송 일도 열심히 해보기로 했다. 과연 내가 TV에서도 능력을 발휘하고 쓰임새가 있을지 도전해보기로 한 것이다.

그렇지만 크리에이터가 성공하면 TV에 나가야 한다는 식의 단계가 있다고 생각하지는 않는다. 모범답안은 없다. 디지털에서만 정체성을 지닌 사람이 되고 싶다는 분도 있는데 그것도 옳다. 이것은 다만 선택의 문제일 뿐이며, 선택은 각자의 성향과 상황에 따라 달라진다.

레거시 미디어를 경험하며

TV 출연은 레거시 미디어를 경험할 수 있는 좋은 기회가 되었다. 요즘 들어 '레거시 미디어'라는 말이 많이 쓰이는 이유는 디지털 플랫폼을 바탕으로 한 '뉴 미디어'가 등장했기 때문이다.

뉴 미디어의 대표적인 플랫폼은 유튜브로, 더불어 넷플릭스같은 OTT 플랫폼의 전성시대도 열렸다. 그러자 레거시 미디어가 쇠락의 길을 걷는 게 아니냐는 전망이 나오기도 하는데, 레거시 미디어의 영향력은 여전히 강력하다. 실제로 방송활동을 하면서 나는 많은 것을 배웠다.

레거시 미디어는 제작 방식이 분업화되어 있다. 방송국이 있지만 외주 프로덕션이 붙는 경우가 많고 탤런트는 엔터테인먼트사에서 관리하는 등 전부 나눠져 있다. 이렇게 이해 당사자 여러 명이 모든 것을 조율해서 프로그램 하나를 만들어낸다. 좀 더 체계적이고 폭넓은 협업을 경험하면서 오랜 업력을 바탕으로 한 노하우도 배우고 있다.

방송국 콘텐츠는 1인 미디어에 견주어 트렌디하지 않다고들 한다. 나도 1인 미디어에는 1인 미디어만의 매력이 있고 이 세계에서만 통하는 게 있다고 생각해왔다. 그런데 최근 여러 방송국에서 옛날 예능 프로그램이나 시트콤 등을 재편집하여 유튜브에 업로드한다. 나는 그 엄청난 조회수를 보면서 잘 만든 콘텐츠는 아무리 시간이 흘러도, 어떤 플랫폼에서도 힘을 발휘한다는 것을 느꼈다. 디지털 감수성에 걸맞게 재편집하고 유통하는 방식만 터득하면 매스미디어는 여전히 강력하다.

경계는 허물어진다

2020년 11월에는 케이블TV '샌드박스플러스(SAND BOX+)'를 개국했다. 〈맛있는 녀석들〉로 유명한 코미디TV를 가진 종합미디어그룹 IHQ와 함께 만든 디지털 콘텐츠 기반의 케이블 채널이다. 이 채널에서는 샌드박스 크리에이터들의 기존 콘텐츠뿐 아니라 자체 제작한 오리지널 콘텐츠도 선보일 예정이다. 1인 미디어로 실현하기 힘든 콘텐츠 제작도 지원할 것이다.

이제는 디지털 미디어와 레거시 미디어의 경계가 허물어지고 있다. 밥그릇 싸움을 하는 것도 아니다. 과거에는 디지털은 디지털 나름의 색깔과 방식이 있는 것이고, 레거시 미디어는 또 그 나름의 권위와 향수가 있다는 식으로 선을 그었던 면이 없지 않다. 그래서 디지털에서 새로운 일을 꿈꾸는 사람들은 레거시 미디어는 옛날 방식이라고 치부해버리기도 했다. 하지만 요즘의 상황을 보면 레거시 미디어가 가진 콘텐츠들을 활용한 2차 가공 영상들이 유튜브의 인기동영상을 장악하기도 하고 예전 TV 방송들이 재조명을 받기도 한다. 방송국들도 디지털 오리지널 콘텐츠를 만드는 데 심혈을 기울이고 있다.

이제는 너무도 유명해진 〈워크맨〉은 JTBC의 디지털 콘텐츠 제작을 담당하는 스튜디오에서 운영하는 유튜브 채널이다. 디지털 감수성에 걸맞는 속도감 넘치는 전개, 심의에서 자유롭다는 이점, 어떤 디바이스에서도 소비할 수 있는 편의성 등, 디지털 미디어만의 오리지널리티를 기존 방송국들도 벤치마킹하고 시험해보고 있다.

프리미엄 콘텐츠는 레거시 미디어에만 국한되는 것이 아니다. 디지털에서 잘 만든 콘텐츠도 전파를 탈 수 있다. 또한 IPTV의 VOD로도 볼 수 있으며, 어디에든 송출될 수 있다. 방송국도 전파를 이용하는 콘텐츠를 제작하는 데서 멈추지 않고 디지털에서도 유통할 수 있게끔 콘텐츠를 구성하게 될 것이다.

뿐만 아니라 유튜브 크리에이터를 기존 방송국에서 찾는 경우가 많고, 방송에서 활약하는 연예인들이 유튜브에서 활동하기도 한다. 모든 것이 크로스오버되고 있다. 혼란스러워 보일 수 있지만, 그만큼 가능성이 열리는 것이라고 믿는다. 지금 우리는 새로운 미디어의 시대를 맞이하고 있다.

이런 환경에서 나는 경계를 허무는 텔런트로 활동하고 싶다. 나를 어떤 하나의 틀에 가두지 않고 세상의 온갖 경계를 넘나들며 나 자신을 확장해가고 싶다. 어린이들의 작은 친구였던 도티가 더 넓은 세상을 향해 존재감을 키워가는 모습을 지켜봐주었으면 좋겠다.

PART 5

허물고 다시 세운다,
도티라는 샌드박스

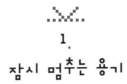

1.
잠시 멈추는 용기

어느 날 자다가 눈을 떴는데 심장이 미친 듯이 빨리 뛰었다. 딱 죽을 것 같은 느낌이었다. 그대로 깨서 30시간 동안을 한숨도 못 잤다. 심장이 엄청나게 빨리 뛰어서, 잠이 들면 심장이 터져 죽을 것만 같았다. 너무 무섭고 아프고 고통스러웠다.

필성이에게 전화를 했다. 아프고 힘들다고 털어놓자 필성이는 나를 위로하면서 최대한 빨리 병원에 가보라고 했다. 이튿날, 병원에 가서 공황장애 진단을 받고 약과 수면제를 처방 받았다. 다른 병처럼 초기, 중기 증상이 있는 것도 아니었다. 공황장애는 그렇게 불현듯이 와서 나를 무너

뜨렸다.

약을 먹어도 증상이 별로 나아지지 않았다. 그런 증상을 겪고 나니까 잠을 자는 게 두려웠다. 수면제를 먹고 겨우 잠들었다가 한 번 깨면 다시 잠들지 못하고 거의 발작하듯 했다. 불안해서 일이 손에 잡히지 않고 일상생활조차 불가능했다. 집 밖에 나가지 못했고 아무것도 하지 못했고 아무도 만나지 못했다.

　내 상태를 있는 그대로 털어놓기도 겁이 났다. 내 구독자들은 대부분 어린이인데, 그 친구들에게 살아 있는 캐릭터와도 같은 존재인 도티가 마음의 병을 앓는다는 사실을 어떻게 설명할 수 있을까. 그래서 아무런 설명 없이 업로드를 중단했다.

어제보다 오늘이 별로면 어떡하지

2013년부터 4년 동안 단 하루도 빠지지 않고 콘텐츠를 제작해 업로드하면서 항상 스트레스를 받았다. 스트레스를 상쇄할 만한 더 큰 보람과 즐거움이 있기 때문에 괜찮다고 여겼을 뿐, 스트레스가 없는 것은 아니었다.

초반에는 열정이 넘쳐서 거의 날마다 서너 시간씩 생방송을 했다. 영상을 만들 소재가 많아서 하루에 영상을 세 편씩 올렸다. 그러다 보니 내 채널은 영상이 매일 올라오는 것으로 인식되었다. 한번 자리 잡은 구독자들의 시청 습관을 바꿀 수는 없었다. 365일 연중무휴, 날마다 새로운 영상이 올라오는 채널. 이것이 내 채널의 정체성이자 채널 성장의 원동력이었기에 나도 멈추고 싶지 않았다.

그런데 어느 순간부터인지 강박이 되어서 무슨 일이 있어도, 몸이 으스러질 듯이 아파도, 어떻게든 매일 영상을 올렸다. 전날에 영상을 못 만들었으면 아침에 만들어서 저녁에라도 올렸다. 영상을 만들어 올리는 고단함보다 올리지 못하는 데서 비롯될 불안과 두려움이 더 컸다. 영상을 올리지 않으면 왜 올라오지 않느냐는 문의가 빗발치겠지? 초심을 잃었느냐는 댓글이 달리겠지? 그런 상황을 상상하면 끔찍했다. 차라리 쉼 없이 달리는 편이 낫지 대중의 실망을 감당하기는 더 힘들 것 같았다.

그뿐이 아니었다. 내 영상을 사람들이 재미없어하면 어떡하나? 어제보다 오늘이 별로면 어떡하지? 쉴 새 없이 이런 고민에 휩싸였다. 매일매일 올리니까, 대중의 기대와 보는 눈은 점점 높아지니까, 어제보다 오늘이 나아야 하고 오늘보다 내일이 나아야 했다.

강박이 있으면서도 스트레스를 모른 척하며 지냈는데, 그러는 동안 스트레스가 독처럼 쌓이고 쌓여서 어느 순간 갑자기 폭발한 것이다. 시한폭탄을 안고 살면서도 자각하지 못하거나 애써 외면해왔다. 결국 부풀 대로 부푼 풍선이 더는 견디지 못하고 터져서 푸시식 곤두박질치는 것처럼 활기가 사라지고 껍질만 남은 채 쓰러졌다.

잠시 멈추는 용기를 내는 것이 무조건 참고 일하는 것보다 훨씬 어렵다는 사실을 깨달았다. 조금 힘들더라도 일은 관성적으로 할 수 있다. 그러나 일을 멈추려면 두려움과 불안을 이겨야 한다. 이런 것을 열정 또는 직업의식이라고 말할 수도 있겠지만, 사람의 에너지는 유한하다는 진실을 직시해야 했다.

도티와 나희선 사이에서

도티TV는 기적처럼 성장했다. 반면 나날이 도티는 성장하는데도 도티가 아닐 때의 내 일상은 별로 달라진 점이 없어 보였다. '도티가 의미 없어지면 인간 나희선도 의미가 없어지는 것 아닌가?' 하는 생각이 들었다. 점점 초조해지고 그럴수록 성과에 연연했다. 도티가 아닌 나는 아무것도 아닌 존재 같아서, 도티만이 내 존재 가치이고 존재의 이유여서, 계속 도티로 살 수밖에 없었다.

그러나 이제는 잠시 멈춰야겠다고 생각했다. 우선 내가 살아야 했다. 지난 몇 년 동안 쉼 없이 달려왔으니 그저 멈추고 싶었다. 그래서 정말 아무것도 하지 않았다.

이는 비단 크리에이터에게만 해당하는 문제가 아닐 것이다. 어떤 직종에 종사하든 많은 사람들이 번아웃을 겪고 때로는 공황장애에 시달린다. 건강보험심사평가원의

통계에 따르면 공황장애로 진료 받은 환자 수가 2015년에 10만 명을 넘었고, 2018년에는 약 16만 명에 이르렀다고 한다. 공황장애는 우울증이나 불면증 같은 정신질환을 동반하기도 한다. 말로만 듣던 공황장애를 내가 겪을 줄은 정말 몰랐다.

많은 사람들이 어떻게 하면 그렇게 성공할 수 있느냐고 묻지만, 정작 문제는 성공한 다음에 일어난다. 일단 성공이 중요하긴 한데, 대체 어디까지가 성공일까? 내가 정한 성공의 기준에 도달한 뒤에는 어떻게 살아야 할까? 인생은 목표한 기준에 다다른 순간 영화의 해피엔딩처럼 끝나는 것이 아니다. 그 후에도 삶은 계속된다. 그래서 우리는 지속가능성을 고려해야 한다. 목표에 도달하기 위해 하얗게 불태우고 나면 남는 건 재밖에 없다.

　방송을 중단하고 한 달쯤 지났을 때 웹툰작가 이말년 님이 운영하는 유튜브 방송에 출연해 사실을 털어놓기로 했다. 집에서 칩거하는 동안 이말년 님의 유튜브 채널 〈침착맨〉을 챙겨 보면서 큰 위로를 받았기 때문이다. 그동안

잠시 멈추는 용기를 내는 것이

무조건 참고 일하는 것보다 훨씬 어렵다는 사실을 깨달았다.

조금 힘들더라도 일은 관성적으로 할 수 있다.

그러나 일을 멈추려면 두려움과 불안을 이겨야 한다.

이런 것을 열정 또는 직업의식이라고 말할 수도 있겠지만,

나의 에너지는 유한하다는 진실을 직시해야 했다.

있었던 일을 설명하고 내 방송이 아닌 다른 방송에서 공지하는 것에 양해를 구했다.

그러고 나니 조금 후련해졌다. 며칠 뒤에는 도티TV에도 공지를 올렸다.

"걱정 끼쳐드려 너무너무 미안해요. 여러분이 조금만 기다려준다면 도티가 아닌 인간 나희선으로 살아보고 싶습니다. 정말 미안하고 감사합니다. 조금만 기다려주세요. 푹 쉬다 올게요."

팬들은 건강하게 돌아오라고 격려해주었고, 나는 그제야 비로소 진짜 휴식을 취할 수 있었다.

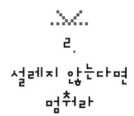

2.
설레지 않는다면
멈춰라

구독자가 많아지는 건 즐겁고 행복한 일이다. 나를 바라보는 사람이 많다는 사실만큼 흥분되고 설레는 일은 없을 것이다. 하지만 그런 감정도 곧 익숙해지고 무뎌진다.

이따금 크리에이터들이 지치고 힘들다고 하소연할 때가 있다. 그럴 때마다 나는 이렇게 묻는다.

"영상 업로드할 때 어때? 여전히 가슴이 설레니?"

대답을 망설이면 지치거나 매너리즘에 빠진 거다. 이때가 바로 쉬어갈 때다.

채널 운영 초창기의 크리에이터는 자신의 영상이 공개되는 순간에 무척 설렌다. 긴장되기도 하고 사람들의 반응이 궁금해서 눈을 반짝인다. 그러다 한계점에 도달하거나 일이 더 이상 즐겁지 않은 상태가 되면 예약 업로드를 걸어놓고 신경도 쓰지 않는다. 나 또한 기계적으로 일할 때는 그런 적이 있다. 지치고 뭔가 뜻대로 안 되는 상황에서 콘텐츠를 만들면 내 영상을 보기가 불편하다. 자신이 없는 탓이다. 운이 좋아 조회수가 잘 나와도 스스로 만족스럽지 않아서 보지 않는다. 그렇게 못 보는 경우가 이어지면 콘텐츠를 향한 애정이 점점 사그라들고, 마침내 영혼 없이 기계처럼 일하게 된다.

무턱대고 노력하는 건 오히려 해가 된다. 하고 싶지 않은 일을 하면서 무조건 노력하는 것은 한 번뿐인 내 삶을 고통으로 몰아넣는다.

구독자 100만이 되면 어떤 기분일까

유튜브를 시작하는 이유는 누구나 비슷할 것이다. 아주 막연한 동경에서 또는 재미있어 보여서 시작한다. 내가 만든 영상에 사람들이 반응해줄 것이고, 영상을 직접 만든다는 성취감도 느낄 것이라고 기대한다. 누구 눈치 보지 않고 일하는 직업이라는 생각도 있을 것이다. 이 모든 것이 어느 정도는 사실이다.

문제는 시작한 직후부터 발생한다. 막상 시작은 해도 예상한 모습과 너무 다른 상황이 펼쳐진다. 라이브 방송을 켰더니 시청자가 0명. 한참 지나서 간신히 한 사람이 들어오기에 반가운 마음에 "안녕하세요, ○○ 님" 하고 인사했더니 부담스러운지 나가버린다. 10명이라도 들어왔으면…… 그러면 정말 재미있게 할 수 있을 텐데……. 그러나 그 10명을 채우지 못한 채 포기하는 사람도 많다.

허공에 대고 떠드는 단계를 잘 견뎌냈다고 해보자. 조금씩 반응이 나타난다. 라이브 방송을 하면 30~50명 정도가 들어오고, 콘텐츠를 올리면 조회수 100~200이 나오게 되었다. 이제 좀 동기가 부여된다. 조회수가 200이니까 열 배 키우면 2000이 되겠다고 의지를 다지면서 흥미를 붙여 계속하게 된다.

여기서 또 넘어야 할 산이 나타난다. 이 일을 본업으로 삼을 만큼 미래 가치를 달성할 수 있을지 의문이 든다. 지속하려면 콘텐츠에 재투자해야 하고, 그러려면 수익이 나와야 하기 때문이다. 조회수가 100~200 정도 나와도 대단한 일이지만, 그것으로는 한 달에 20~30만 원 정도 벌수 있을 뿐이다. 그러니 직업으로 삼을 만큼의 경제적인 동기가 부여되지 않는다. 그래서 또 중도에 포기한다.

이 단계도 뛰어넘어서 먹고살 수 있을 만큼 수익이 나면, 또 새로운 고민이 시작된다. 메이저 채널처럼 많이 투자해서 편집자를 구하고 직원을 고용해 기획도 같이 하고 싶다, 월 1000만 조회수 나오는 채널을 만들고 싶다, 이런 욕망이 솟구칠 것이다. 그러려면 또 거기에 걸맞은 비용과 많은 노력이 필요하므로 그 과정에서 심한 스트레스를 받게 된다.

"구독자가 50만 명이 되면 무지 행복할 것 같아요."

"구독자가 100만 명만 되면 정말 만족하고 즐겁게 살수 있지 않을까요?"

아마 많은 크리에이터가 이런 바람을 품고 있을 것이

다. 그런데 목표를 달성하면 기쁨은 잠시뿐, 사람의 욕심은 끝이 없고 고민도 끝이 없다. 구독자 1억 명을 돌파한 크리에이터 '퓨디파이'는 고민이 없을까? 절대 그렇지 않다. 실제로 2019년에 퓨디파이는 "몹시 지쳤다"며 활동 중단을 선언했다.

구독자가 50만 명이 되면 50만 명 규모만큼의 고민이 들고 100만이 되면 100만 구독 채널에 맞먹는 고민과 부담이 생긴다. 채널 규모가 커질수록 사람들의 기대와 관심도 함께 커지기 때문이다.

구독자가 많아질수록 그 수에 비례해서 가상의 말풍선들이 떠다니며 나를 압박한다. 사람들의 다양한 기대에 퀄리티를 맞춰야 하고, 그만큼 편성에 심혈을 기울여야 하며, 없는 에너지도 끌어서 사용해야 한다. 또한 그런 상황을 감당할 수 있을 만큼 자기 계발을 해야 한다. 간혹 어떤 크리에이터는 채널이 크게 성장한 뒤 구설수에 오르는데, 이유는 채널이 성장한 만큼 크리에이터도 성장하지는 못했기 때문이다.

10만, 50만, 100만…… 이렇게 목표를 정하는 것을 경계해야 한다. 막상 더 높은 목표를 이루고 나면 더 허망해지기 쉽다. 유튜브 100만 구독자를 달성한 다음 매너리즘에 빠지거나 번아웃이 오는 사례는 흔하다. 100만 구독자가 되면 다 이룬 듯하고 부러울 게 없을 듯하고 드라마틱한 상황이 펼쳐질 줄 알았는데 현실이 기대에 미치지 못하면 예상보다 상실감이 크다. 여전히 시청자들의 기대를 채워줘야 하고 일상은 크게 변하지 않는다. 오히려 100만이라는 타이틀의 부담 때문에 콘텐츠를 만들기가 더 힘들어진다.

기대만큼 행복하지 않을 수 있다

어느 조직에나 성과지표가 있는 것처럼 유튜브 채널도 월 단위로 성과를 정리한다. 그래서 트래픽이나 수익, 평균 지속 시청시간을 의식하게 된다. 번아웃이 오면 유용한 분석 툴은 도리어 족쇄가 된다. 5분마다 한 번씩 분석 툴에 들어가서 수치를 실시간으로 확인한다는 사람도 있다.

구독자가 50만 명이 되면 50만 규모만큼의 고민이 들고

100만이 되면 100만 구독 채널에 맞먹는

고민과 부담이 생긴다.

채널 규모가 커질수록

사람들의 기대와 관심도 함께 커지기 때문이다.

10만, 50만, 100만······.

이렇게 목표를 정하는 것을 경계해야 한다.

막상 더 높은 목표를 이루고 나면 더욱 허망해지기 쉽다.

이렇게 압박을 받거나 안절부절못하는 사람이 적지 않다. 유튜브가 본업이고 조회수가 수익으로 이어지니 어쩌면 자연스러운 일이다.

그러나 오직 목표만 보고 달려가면 그 목표가 달성됐을 때 기대만큼 행복하지 않을 수 있다. 나는 구독자 1000명을 목표로 두고 일한 이후부터 계속해서 막연한 목표를 세웠다. 목표를 달성해도 그 순간을 온전히 즐기지 못했다. 편당 조회수가 처음으로 10만을 넘겨도 그 기쁨을 온전히 느끼기보다 '이제 20만 목표를 달성해야지'라는 생각만 했다. 자꾸 더 높은 목표를 세우고 전진하느라 순간의 행복을 놓친 것이다.

더구나 채널은 대부분 계단식으로 성장한다. 한 번 상승하면 그 상태를 유지하다가 또 어떤 콘텐츠를 계기로 다시 상승하는 식이다. 도약할 수 있는 계기를 얼마나 자주 만드느냐가 크리에이터의 역량이겠지만 성장세를 지속적으로 이어가기란 쉽지 않다.

그렇기에 수치만 목표로 설정하면 정체된 구간에서 힘

이 들 수밖에 없다. 문제를 완벽하게 해결해주는 기준이나 결과는 존재하지 않는다. 그저 지금 상황에서 최선을 다할 뿐이다. 그러니 조회수나 성과지표보다는 내가 과정을 제대로 즐기는지 늘 확인하고, 몇 명이 됐든 내 영상을 좋아해주는 사람들에게 최대한 집중해야 한다.

조금 쉬어가도 괜찮다

2019년, 유튜브 CEO 수전 워치츠키(Susan Wojcicki)는 끊임없이 콘텐츠를 생산하느라 번아웃에 시달리는 크리에이터가 점점 늘고 있다는 보고를 받았다. 그래서 크리에이터들의 휴식과 관련된 데이터를 뽑아서 분석한 결과, 채널을 잠시 쉬어도 구독자 수에는 타격이 없다는 사실을 알게 되었다.

워치츠키는 자신의 블로그에 이런 글을 썼다.

"채널에 타격을 줄까 봐 영상 업로드를 쉬면 안 된다고 느끼는 크리에이터들이 있다고 들었습니다. 그렇지만 이제 자신을 돌보고 재충전에 투자하기를 권합니다. 수백만 개의 채널과 수백 개의 다양한 시간대에서 휴식이 끼치는 영향을 분석한 결과, 한 가지 분명한 사실을 발견했습니다. 평균적으로 휴식에서 돌아온 후의 콘텐츠가 휴식 직전의 콘텐츠보다 조회수가 높다는 것입니다. 휴식을 취해도 팬들은 이해할 겁니다. 그들이 당신 채널에 들어오는 이유는 당신 때문이니까요."

샌드박스도 지표를 통해 이 사실을 확인했다. 물론 날마다 업로드하면서도 퀄리티를 유지할 수 있다면, 그러면서도 견뎌낼 수 있다면 최선일지 모른다. 하지만 그렇지 않다면 오히려 편성을 줄여서 한 편 한 편에 좀 더 정성을 쏟는 게 조회수에도 도움이 되고 더 나은 결과를 가져온다.

'물 들어올 때 노 젓는다'라는 말이 있긴 하지만, 노를 저을 때 힘들다는 사실은 간과한다. 때로는 무리하게 젓다가 목적지에 도착하지 못할 수도 있고, 목적지에 도착했어도 팔이 망가질 수 있다. 목적지에 도착한 뒤에도 만족스러우려면 중간중간 휴식을 취하고 완급을 조절하면서 가야 한다. 편성을 하루라도 줄여서 쉬는 시간을 마련해야 한다. 현실의 나를 위한 시간을 내어야 크리에이터로서의 나도 오랫동안 활동할 수 있다.

그래서 나는 일 이외에 자신이 행복을 느낄 수 있는 것을 만들어두라고 항상 권한다. 크리에이터로서가 아니라 본래의 나를 위한 자리를 작게나마 남겨두라는 뜻이다. 공황장애로 힘들 때 나에게는 회사가 있다는 사실이 많은 위안이 되었다. 회사처럼 거창한 것이 아니어도 좋다. 흔히 '소확행'이라고 하는 일상의 작은 행복으로 충분하다. 취미활동이든 유튜브 세상 이외의 인간관계든 자연인으로서의 내가 숨 쉴 수 있는 공간을 반드시 챙겨두어야 한다.

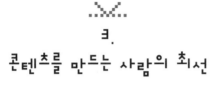

3.
콘텐츠를 만드는 사람의 최선

결과는 찰나에 불과하지만 과정은 그보다 훨씬 긴 시간이다. 그래서 나는 항상 결과보다 과정이 행복한 크리에이터가 돼야 한다고 말한다. 영상을 촬영하는 과정이 즐겁고 편집이 재미있고 업로드하는 과정이 설레야 오래 할 수 있다.

수익이 많다고 해서 계속할 수 있는 것은 아니다. 물론 생활을 영위할 수 있어야 활동을 지속할 수 있기 때문에 수익은 중요하다. 그러나 결코 수익이 전부는 아니며, 목적이 되어서도 안 된다.

내가 아는 대부분의 크리에이터들은 수익을 목적으로 채널을 운영하지 않는다. 특히 오랫동안 채널을 운영하는 크리에이터는 콘텐츠를 만드는 일 자체를 즐기고, 자신을 표현하고 사람들과 소통하기를 좋아한다. 수익은 따라오는 것일 뿐, 채널을 운영하는 동기가 되지는 못한다. 거듭 말했듯이 콘텐츠를 꾸준히 만들어 올린다는 게 결코 쉬운 일이 아니다. 그렇기 때문에 돈을 아무리 많이 벌어도 즐겁지 않다면 장기적으로 해나가기 어렵다.

물질적인 것에는 쉽게 무뎌지게 마련이다. 수익이 처음 발생했을 때는 신기하고 정말 즐겁지만 그런 감정은 의외로 금세 사라지고, 그런 성과를 만들어낸 콘텐츠에 집중하게 된다. 미디어의 본질은 콘텐츠를 제공하는 것인데, 본질을 추구하지 않고 살아남을 수 있겠는가.

콘텐츠를 만드는 사람은 그저 과정에 최선을 다할 뿐이다. 콘텐츠를 세상에 공개하고 나면 사용자들의 선택을 기다리는 것 말고는 내가 할 수 있는 일이 없기 때문이다. 나 자신에게 부끄럽지 않게 최선을 다했으면 그것으로 할 일은 다 한 것이다.

불행은 비교에서 시작된다

모든 불행은 비교에서 시작된다. 유튜버는 특히 더 그렇다. 유튜브는 결과가 초 단위로 보이는, 아주 노골적으로 우위가 결정되는 세상이기 때문이다. 그러지 않으려 해도 자꾸 보게 되고, 보다 보면 비교하게 되고, 비교하다 보면 초라해진다. 조회수가 초 단위로 바뀌고, 비슷한 카테고리의 추천 영상에 내가 아닌 다른 채널들이 뜨면 수치가 그대로 드러난다. 구독자 200명도 엄청 많은 숫자고 한 사람 한 사람이 소중하지만, 다른 채널은 구독자가 1000명이라는 사실을 비교하는 순간만큼은 구독자가 사람이 아니라 수치로만 보일 수도 있다.

　때로는 나는 비교하지 않는데 주변에서 비교하기도 한다. "어떤 채널은 조회수가 몇인데", "어떤 채널은 구독자가 몇인데", "어? 이분이 이거 먼저 했어." 이런 댓글이 달리면 신경 쓰지 않을 도리가 없다. 그나마 내가 쫓아가는 입장일 때는 괜찮다. 비교되는 게 영광이고 같이 언급되는 사실이 기쁘다. 그런데 반대 입장이 되면 나도 모르게 의식이 된다.

나는 유튜브를 일찍 시작했고, 처음으로 VOD형 플랫폼에 맞는 단편 영상을 제작하면서 압도적인 트래픽 1위를 기록했기 때문에 초창기에는 사실 비교 대상이 거의 없었다. 유튜버 1세대라 롤모델이 없어서 힘들 때도 있었지만 오히려 좋은 점이 많았다. 만약 롤모델이 있었다면 나를 그 사람과 비교했을 것이다. 물론 비교할 대상이 아예 없지는 않았다. 내 채널의 조회수가 전보다 내려가기도 하고 나보다 조회수가 올라간 채널이 보이는 등의 기복이 있었는데, 그럴 때면 나도 모르게 비교하고 스트레스를 받았다.

그러므로 인정하는 것밖에는 방법이 없다. 유튜브는 무한경쟁 플랫폼이다. 경쟁에서는 당연히 이기는 사람과 지는 사람이 나온다. 그러나 유튜브는 스포츠가 아니므로 반드시 이길 필요도 없고, 내가 이기고 싶다고 해서 이길 수 있는 것도 아니다.

남을 의식하고 질투하고 미워하는 데 쓸 에너지가 있다

면 내 콘텐츠를 발전시키는 데 쓰는 게 나를 위한 길이다. 나는 내 일에만 충실하면 된다. 물론 쉽지 않다. 굳게 마음먹어도 자꾸 비교하게 된다. 그렇지만 불필요한 감정에 휘둘리지 않기 위해 계속 마음을 다잡아야 한다. 그러다 보면 어느 순간 진짜 초연해지는 때가 온다.

스트레스가 말끔히 해소되는 순간

아무리 좋아서 시작한 일이라도 그것이 일이 되면 스트레스를 받게 마련이다. 누구나 일을 하면서 스트레스를 받는다. 그래서 스트레스를 풀기 위해 술을 마시기도 하고 노래방에 가기도 하고 취미생활을 하기도 한다. 아마 저마다의 스트레스 해소법이 있을 것이다. 나도 어떻게 하면 스트레스를 풀 수 있을지 꽤나 고민하면서 이것저것 시도해봤다. 하지만 그 순간뿐, 근본적인 해결책은 되지 않았다.

결국 스트레스가 풀리는 것은 나의 일을 잘해냈을 때라

아무리 좋아서 시작한 일이라도
그것이 일이 되면 스트레스를 받게 마련이다.
나도 어떻게 하면 스트레스를 해소할 수 있을지
고민하면서 이것저것 시도해봤다.
하지만 그 순간뿐, 근본적으로 해결되진 않았다.

결국 스트레스가 풀리는 방법은
나의 일을 잘해냈을 때라는 사실을 깨달았다.
스스로 만족스러운 콘텐츠를 만들어서 업로드할 때
비로소 스트레스가 말끔히 해소된다.

는 사실을 깨달았다. 스스로 만족스러운 콘텐츠를 만들어서 업로드할 때 비로소 스트레스가 말끔히 해소된다. 자기 자신이 만족하는 데다 구독자들이 긍정적인 피드백을 해주면 근원적인 스트레스가 해소된다. 스트레스가 일에서 비롯된다면 그 원인을 해결해야 한다. 그러지 않으면 스트레스의 노예가 되어 자꾸 스스로를 괴롭힌다.

스트레스가 없는 일은 없으며, 스트레스 때문에 크리에이터 일을 그만둘 게 아니라면 좋은 콘텐츠를 만드는 길밖에 없다. 이 사실을 깨달은 뒤로는 항상 그런 마음가짐으로 콘텐츠를 만들고 있다.

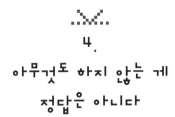

4.
아무것도 하지 않는 게
정답은 아니다

공황장애 때문에 두문불출할 때 MBC 〈라디오스타〉에서 섭외가 들어왔다. 평소에 즐겨 봤고 아주 인기 있는 프로그램이라 섭외가 왔다는 것 자체가 신기했다. 그러나 쉬고 있던 시기여서 출연을 결정하기까지는 용기가 필요했다. 그때는 유튜브를 다시 할 자신이 없었다. 그런 증상이 또 나타날까 봐 무서웠고, 4개월이나 쉬었는데 예전처럼 잘할 수 있을지 확신이 없었다. 이런 상황에서 그렇게 큰 프로그램에 나가 뭘 어떻게 할지 걱정스러웠기 때문이다.

한참을 망설이다가 출연하기로 결정했다. 녹화는 어색했지만, 다행히 생각보다 분량이 많이 나왔고 검색어 1위를 하는 등 이슈가 많이 됐다. 그 뒤로 〈마이 리틀 텔레비전〉, 〈전지적 참견시점〉, 〈문제적 남자〉 등에서 섭외가 이어졌다. 그 무렵까지 유튜브 채널에 영상을 3000개 가까이 올렸는데, TV 방송 한 번의 파급력은 따라잡을 수 없었다. 역시 지상파의 힘이 크다는 것을 절감했다. 말 그대로 매스미디어는 매스미디어였다.

사실 텔레비전에 출연하는 게 재미있었다. 살아 있다는 기분을 오랜만에 느꼈다. 도티라는 나는 캐릭터에 가깝기 때문에 도티가 인격을 지닌 사람이라고 생각하지 않는 이들도 많다. 뽀로로 같은 캐릭터나 캐릭터를 연기하는 성우로 여기는 것이다.

그동안은 도티라는 캐릭터에 빙의해서 살아온 느낌이라면, TV 방송에서는 비록 도티라 불려도 게임 캐릭터가 아닌 인간 나희선의 모습을 보여줄 수 있었다. 오랫동안 고민해온 도티와 나희선 사이의 갭이 TV 방송 출연을 계기로 많이 좁혀졌다. 내 얼굴을 내보이면서 활동해도 사람들이 좋아한다는 사실이 기분 좋았다.

TV에 출연한 뒤로 사람들이 많이 알아보는 것도 신기했다. 유튜브에서는 주로 10대와 소통했기 때문에 아이들은 나를 알아봤지만 내 또래나 어른들은 나를 잘 알지 못했다. 친구들에게서도 연락이 많이 왔다. TV 출연이라는 도전을 계기로 내 인생의 또 다른 한 페이지를 넘긴 느낌이었다.

새로운 플랜B를 향해 앞으로, 앞으로

TV 방송 활동을 하면서 많이 호전되어 지금은 공황장애 증세가 거의 없다. 돌이켜보면 아무것도 하지 않는 게 답은 아니었다는 생각이 든다. 공황장애를 겪으며 아무것도 하지 않으니까 몸은 좀 편했지만 그렇다고 상황이 근본적으로 해결되지는 않았다. 나는 늘 침체되어 있고 우울했다. 그런데 TV에 출연하면서 내가 잘해낼 수 있고 열정을 쏟을 수 있는 일을 찾는 게 답이라는 사실을 깨달았다.

처음에는 채널에 집중하다가 차츰 여러 가지 다른 일을

찾는 크리에이터가 많다. 저 사람은 왜 유튜브에 만족하지 못하고 쓸데없이 일을 벌일까 생각할 수도 있지만, 나는 이제 비로소 이해가 된다. 크리에이터도 이를테면 흥행 사업이고 '언제까지 유지할 수 있을까' 하는 불안을 안고 사는 일이다. 그래서 새로운 분야에 도전하고 자아를 실현할 수 있는 또 다른 일을 찾게 되는 것이다.

나도 도티와 인간 나희선의 간극을 줄이고 싶어서 회사를 만들고 강연을 비롯한 여러 활동을 해왔다. 자연인 나희선의 존재 가치도 만들고 싶었기 때문이다. 그렇게 도전해온 것이 결과적으로 나를 살렸다. 만약 이전처럼 유튜브만을 전부로 알았다면 다시 활동하기가 힘들었을 것이다. 똑같은 일을 강박적으로 반복하다가 공황장애가 왔는데 다시 그 일을 해야 한다면 두려움에 매몰되었을 것이다.

다행히 나에게는 회사와 TV 방송이라는 다른 성격의 일들이 있었기에 시련을 겪고서도 다시 일어설 수 있었다. 그러니 자기가 감당할 수 있는 일이라면 도전해보는 것이 좋다. 도전에 실패해서 본업인 유튜브 채널 운영에

현명한 도전을 하려면
자신의 능력을 제대로 파악하는 것이 중요하다.
내가 할 수 없는 일을 할 수 있다고 착각한 나머지
시간을 낭비하거나 다른 사람에게 피해를 줄 수 있기 때문이다.
내가 할 수 있는 일과 할 수 없는 일을 제대로 구분해야 한다.
할 수 없다는 건 부끄러운 일이 아니다.

문제가 생기는 경우도 있긴 하지만, 도전 자체가 틀린 것
은 아니다.

현명한 도전을 하려면 자신의 능력을 제대로 파악하는
것이 중요하다. 내가 할 수 없는 일을 할 수 있다고 착각한
나머지 시간을 낭비하거나 다른 사람에게 피해를 줄 수
있기 때문이다. 나 또한 창업은 했지만 경영을 맡을 깜냥
은 안 된다는 것을 스스로 파악했기에 CEO를 맡겠다는
욕심을 부리지 않았다. 내가 할 수 있는 일과 할 수 없는
일을 제대로 구분해야 한다. 할 수 없다는 게 부끄러운 일
은 아니다.

도티도 나희선도 모두 나이기에

유튜브를 한창 열심히 할 때는 그렇게 좋아하던 게임을
전혀 하지 않았다. 게임을 하면 왠지 일을 하는 것 같았기
때문이다. 가장 좋아하는 것이 게임이었는데, 게임이 일
로 느껴지자 컴퓨터도 잘 켜지 않았다. 그러다 잠시 멈추

어 쉬는 동안 다시 게임이 즐거워졌다. 덕분에 도티TV에도 복귀할 수 있었다. 그때부터는 성과에 대한 부담을 벗어던지고 과정만으로 충분히 만족할 수 있었다.

지금은 일상이 행복하다. 일과를 마치고 집에 가면 게임을 하고, 내가 하고 싶을 때 라이브 방송도 한다. TV 방송 활동도 신선하고 즐겁다. 물론 앞으로도 계속 행복하기만 할 거라고는 장담하지 못한다. 그러나 지금 이 순간의 과정이 행복하다면 그 일을 열심히 하면서 새로운 일에도 두려움 없이 도전하고 싶다.

이제는 굳이 도티와 나희선을 구분하려 하지 않는다. 사실 구분하기도 힘들어졌다. 두 페르소나가 모두 나를 이루고 있기 때문이다. 도티로 그리고 나희선으로 찍어가는 다양한 발자국이 앞으로의 길을 수놓고, 뒤에 오는 이들을 위한 길잡이 구실을 했으면 하는 바람이다.

문법이 없는 콘텐츠를 만드는 사람, 크리에이터 도티

도티TV가 성장할수록 구독자들도 성장해갔다. 초등학생이던 친구가 어느새 중학생이 되고, 중학생이던 친구는 고등학생이 되고…… 군대 간다고 메일을 보내온 친구도 있다.

그러자 고민이 생겼다. 도티도 구독자들과 함께 나이 들어가야 할지, 아니면 계속 6학년으로 남아야 할지에 대한 고민이었다. 채널에 긍정적인 방향은 내가 6학년에 머물러 있고 새로운 초등학생 친구들이 유입되는 것이다. 그러면 운영해온 방식을 그대로 유지하면 되고, 지금까지 검증된 성공 전략을 따르면 된다. 떠나는 친구들이 있겠지만 그만큼 새로 유입될 테니까.

그러나 이제는 그런 고민이 무의미해졌다. 그 고민 자체가 단지 채널의 성장을 위해서 존재했기 때문이다. 이제는 그저 도티 또는 인간 나희선이 지금 보여주고 싶은 것을 보여주고, 그것을 봐주는 사람들에게 감사하면 충분하다. 세상에 드러내고 싶은 내 모습을 콘텐츠로 만드는 작업은 나 자신의 만족을 위한 일이기도 하기 때문이다. 이런 마음으로 그저 자연스럽게 하고 싶은 걸 이어가다 보니 구독자들도 이런 나를 있는 그대로 지지해주고 곁에 남아주었다.

힘든 시기를 겪고 돌아온 유튜브에서 다시 크리에이터의 본질을 생각한다. 내가 즐겁고 보는 사람도 즐거울 수 있는 영상을 만들자던 소박하고 단순한 생각, 처음에 품었던 그 마음이 바로 이 일을 하는 의미이자 본질임을 다시금 느낀다. 먼 길을 걸어 처음 그 마음 앞에 다시 섰다. 성장이란 어쩌면 앞으로 나아가는 것만이 아니라 자기 자신을 돌아보고 지키는 과정인지도 모른다.

　유튜브 크리에이터이자 샌드박스네트워크의 공동 창업자로 또 방송인으로 여러 가지 일을 하고 있지만 언제나 나 자신을 '크리에이터 도티'라고 소개한다. 세상을 향해 나라는 존재를 펼친 출발점이자 정체성인 크리에이터 도티는 그 자리를 지키면서도 새로운 세상을 끊임없이 탐험하고, 꾸준히 성장하면서도 본질을 잃지 않기 위해 오늘도 노력하고 있다.

힘든 시기를 겪고 돌아온 유튜브에서
다시 크리에이터의 본질을 생각한다.
내가 즐겁고 보는 사람도 즐거운 영상을 만들자던
소박하고 단순한 생각, 처음 품었던 그 마음이
내가 이 일을 하는 의미이자 본질임을 다시금 느낀다.
먼 길을 걸어 처음 그 마음 앞에 다시 섰다.
성장이란 어쩌면 앞으로 나아가는 것만이 아니라
자기 자신을 돌아보고 지키는 과정인지도 모른다.

에필로그

변하지 않은 것, 변하지 않을 것

이렇게 내 경험과 생각을 속속들이 털어놓은 것은 이번이 처음이다. 처음에는 내 이야기가 책이 될 수 있다는 사실이 신기했다. 그리고 책을 완성하고 보니, 책 한 권이 될 정도로 나름의 커리어를 이루었다는 생각에 뿌듯하기도 하다.

크리에이터로 성공을 거두는 특별하고 빠른 방법이 궁금해 나의 책을 찾아본 사람이라면 실망했을지도 모른다. 나의 조언들이 뻔한 말로 보이거나 너무 이상적인 이야기라고 느낄 수도 있고, 성공한 뒤에야 할 수 있는 결과론적 이야기라고 치부할 수도 있다. 하지만 큰 성공은 작은 성공이 하나둘 쌓여야 가능하다는 말을 하고 싶었다. 미로를 헤매기도 하고 끝이 없을 것 같은 터널을 걷기도 한 내 경험이 이 시대를 살아가는 많은 청년의 경험과 크게 다르지 않을 것이라고 생각한다.

도티는 결코 처음부터 완성형이 아니었다. 완성된 후에야 많은 사람이 봐주었을 뿐이다. 도티가 사람들의 눈에 띄게 되기까지 얼마나 지루하고 고통스러운 과정을 거쳤는지 들려주고 싶었다. 평범하다 못해 초라했던 내가 새로운 시대의 '개천용'으로 많은 사람에게 용기를 줄 수 있다면 좋겠다. 나 또한 지금도 또 다른 의미의 성공과 행복을 위해 고군분투하고 있다. 그러니 부디 이 책이 누군가에게 용기가 되었으면 좋겠다.

도티TV에서는 다시 과정이 즐거운 콘텐츠를 제작하고 있다. 더 이상 매일 업로드해야 한다는 강박관념에 시달리지 않고 '초통령'이란 영광스러운 수식어에 얽매이지도 않고, 나와 보는 사람이 모두 즐거운 콘텐츠를 만들려고 노력한다. 샌드박스의 다양한 제작 역량과 도티TV의 고유성이 시너지를 낼 수 있는 콘텐츠를 많이 선보일 것이다. 인간 나희선 또한 제대로 돌보는 법을 배워가고 있다.

곰곰이 생각해보면, 이전이나 지금이나 변하지 않은 것이 있다. 그건 바로 내가 콘텐츠를 만드는 사람이라는 자각, 그리고 보는 사람의 시간이 아깝지 않은 영상을 만들어야겠다는 다짐이다. 나의 부족한 점을 채워주는 우리 샌드박스 식구들 그리고 뜻을 같이하는 세상의 모든 크리에이터와 이 다짐을 계속 지켜가고 싶다.

도티의 플랜B

초판 1쇄 발행 2021년 1월 22일

지은이 나희선

발행인 이재진 **단행본사업본부장** 신동해
편집장 이남경 **책임편집** 윤진아
마케팅 이현은 문혜원 **홍보** 최새롬 박현아 권영선 최지은
국제업무 김은정 **제작** 정석훈
디자인 this-cover

브랜드 웅진지식하우스
주소 경기도 파주시 회동길 20 웅진씽크빅
문의전화 031-956-7421(편집) 02-3670-1024(마케팅)

홈페이지 www.wjbooks.co.kr
페이스북 www.facebook.com/wjbook
포스트 post.naver.com/wj_booking

발행처 (주)웅진씽크빅
출판신고 1980년 3월 29일 제 406-2007-000046호
ISBN 978-89-01-24831-8 03190